本丛书得到何东先生独资赞助

This series of books is financially supported exclusively by Mr. Eric Hotung.

20 世纪中国文物考古发现与研究丛书

农业考古

陈文华 / 著

文物出版社

《20世纪中国文物考古发现与研究丛书》编辑委员会

一　广东英德牛栏洞外景（发现 1 万年前水稻植硅石）

二　新石器时代猪纹陶钵（浙江余姚河姆渡出土）

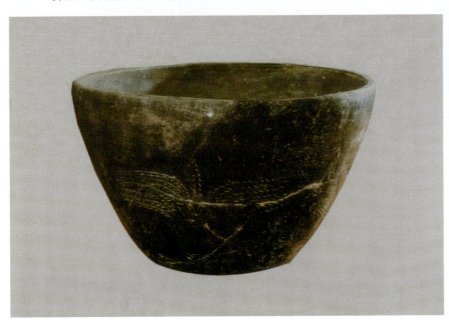

三　新石器时代稻穗纹陶钵（浙江余姚河姆渡出土）

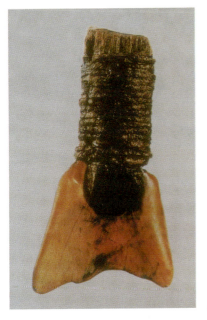

五　商代铜犁（江西新干大洋洲出土）

四　新石器时代骨耜（浙江余姚河姆渡出土）

六　商代铜豕尊（湖南长沙五华乡出土）

七　魏晋耙地画像砖（甘肃嘉峪关出土）

20世纪中国文物考古发现与研究丛书

序 / 张文彬

俗称"锄头考古学"的田野考古学的诞生以及中国考古学学科体系的基本完善，由此而引起的古物鉴玩观赏著录向科学的文物学的转变，是20世纪中国学术与文化界的大事。它从材料与方法两个方面彻底刷新了持续了数千年之久的中国古代史学传统，不但为中国学术界和文化界开拓出更加广阔的研究天地，也为一切关心中华民族悠久历史和灿烂文明的人们不断地提供了可贵的精神滋养和力量源泉。

仰古、述古、探古，进而考古，向来为我国传统文化中一个明显的学术特点。先秦时期诸子百家发其端，汉代司马迁撰写《史记》，北魏郦道元作注《水经》。他们对相关的遗迹遗物，尽可能地做到亲自考察和调查，既能辨史又可补史。这种寻根追源的治学态度，为后世学术上的探古、考古树立了榜样。此后，山河间的访古和书斋式的究古相继开展，特别是对古器物的研究，成了唐、宋时期的文化时尚。不少学者热衷于青铜铭文、碑刻、陶文、印章等古文字的考释，进而有了对器物的辨伪鉴定、时代判断、分类命名等，逐渐兴起了一门新的学问——金石学，涌现出许多著名的古器物鉴赏家和收藏家。只是囿于当时的历史条件，金石学家们无法了解所见文物的出土地点和情况，也难以涉及史前时代漫长的演进历程，因而长期以来始终脱离不了考证文字和证经补史的窠臼。即使如此，他们的艰辛努力和取得的成绩，还是为推动我国传统文化的发展起到了积极作用，并且在事实上也为中国考古学和中国文物学的起步铺设了最早的一段道路。

20世纪初，近代考古学由西方传入。中国学者继承金石学的研究成果，学习并运用西方考古学方法，开始从事田野考古，通过历史物质文化遗存，探寻和认识古代社会，揭示人类社会发展规律。早在1926年，中国学者就自行主持山西南部汾河流域的调查和夏县西阴村史前遗址的发掘。随后，我国学者同美国研究机构合作，有计划地发掘周口店遗址，发现了北京猿人。从1928年起至1937年，连续十五次发掘安阳殷墟遗址，取得了较大收获，引起了国内外学术界的重视。自20世纪50年代以后，随着国家大规模经济建设的进行，田野考古勘探、调查和科学发掘工作在全国范围内蓬勃有序地开展，许多重要的典型遗址和墓地被揭露出来，重大发现举世瞩目。它们脉络清晰，层位分明，文化相连，不仅弥补了某些地域上的空白，而且衔接了年代上的缺环，为研究中国古代史、文化史、科学史以及其他学科领域，提供了珍贵、丰富的实物资料，极大地影响着人文社会科学诸多学科专业的研究与发展。这段时间被学术界称为中国考古学的黄金时代。在马列主义理论指导下，具有中国特色的考古学理论体系和方法论逐渐形成。有关研究成果不仅极大地改变和丰富了人们对中国文明起源、中国古史发展等重大问题的认识，同时也扩展了中国文物的研究领域和研究方式。可以说，考古学的发展与进步，直接影响到文物学的形成与发展，而且影响到全社会对文化遗产重要作用的认识以及世界学术界对中国古代文明的重新认识。

从20世纪80年代开始，文物界就中国文物学的创立，逐渐取得共识，在共同探讨的基础上，初步形成了学科体系。不少学者发表了有关论文，出版了专著，就文物的历史价值、科学价值、艺术价值以及在社会主义的物质文明与精神文明建设中如何对文物进行有效保护、合理利用发表意见。这些研究成果已获得学术界的赞同。

在这世纪之交和千年更替之际，对中国考古学和中国文物事业作一次世纪性的回顾和反思，给予科学的总结，是许多学者正在思考和研究的问题。如果能通过梳理20世纪以来重大发现和研究成果，透视学科自身成长的历程，从而展望未来发展的方向，以激励后来者继续攀登科学高峰，无疑是一件很有意义的事。为此，经过酝酿、商讨和广泛征求意见，我们约请一批学者（其中有相当多的中青年学者）就自己的专长选择一个专题，独立成篇，由文物出版社编辑出版一套《20世纪中国文物考古发现与研究丛书》，并以此作为向新世纪的献礼。

从某种意义上说，《20世纪中国文物考古发现与研究丛书》是一套学科发展史和学术研究史丛书。其内容包括对20世纪考古与文物工作概况的综合阐述；对一些重要的考古学文化和古代区域文化研究情况的叙述；对文物考古的专题研究；对重要的文物考古发现、发掘及研究的个例纪实。

此套丛书的内容面广，而且彼此关联。考虑到各选题在某些内容上难免会有重叠或复述，因此在编撰之初，我们要求各选题之间互有侧重，彼此补充，以期为读者了解 20 世纪中国考古学和文物学的发展提供更多的视角。

我国的文物与考古工作，虽在 20 世纪得到了迅速发展，但仍有许多重大学术问题需要进一步探索。我们主持编辑这套丛书，除了强调材料真实，考释有据，写作态度严谨求实外，也不回避以往在工作或研究上曾经产生的纰漏差错和不足之处，以便为今后的工作和研究提供借鉴。虽然我们尽了很大努力，但限于水平，各篇仍很难整齐划一。由于组稿和作者方面的困难和变化，一些计划之中的题目也未能成书。这些不周之处，敬请专家、学者和广大读者批评指正。

在丛书编印过程中，我们得到了文物、考古界的广泛支持。何东先生在出版经费上给予了热情帮助。在此，一并深表感谢。

2000 年 6 月于北京

目　录

插 图 目 录

前言

　　我国自古以农立国，农业历史非常悠久，遗留在地下的有关文物也极为丰富。新中国成立以来，考古事业得到蓬勃发展，出土了许多古代农业文物，对中国农业历史的研究具有重要的学术价值。但是由于这些文物比较分散，而且与精美的青铜器、彩陶、瓷器和玉器等相比，也缺少"艺术性"和观赏价值，故未能引起人们的注意。虽有学者撰写过一些文章，却并未形成专门的学科。直到 70 年代以后，河姆渡、磁山和裴李岗等重要的农耕遗址相继被发掘，出土了大量的农作物遗存和农具，才引起学术界的足够重视，陆续发表了一系列研究文章，至 80 年代就逐渐形成了相关的学科——农业考古学。

　　农业考古学是考古学的一个分支。它是通过对考古发掘的遗址、遗迹及其生态环境和出土的有关农业实物资料（如农作物遗存、家畜家禽遗骸、农业工具、农耕图像和模型等等）的研究，来探讨农业的起源和发展，并着重从生产力的角度研究农业历史，探索其发展规律，总结经验教训，为农业的现代化提供历史借鉴。它的兴起，是考古学实行专业化分工的必然产物，也是新中国考古事业兴旺发达的标志之一。

　　农业考古是专业性考古，着重于搜集和研究有关农业的直接证据，特别是出土的农作物遗存、动物遗骸、农业工具以及遗址地层中的花粉和植物蛋白石（植硅石）等。而陶器的制作和型式、墓葬的结构和葬式、房屋的结构和布局等等，则是相对处于第二位的研究对象。

农业考古已有一百多年的历史。早在 1866 年，在瑞士湖上居住遗址发现粟等农作物遗存之后，西方的学者就开始注意关于农业起源问题的研究。20 世纪（特别是 40 年代）以来，西方的农业考古日益活跃，尤其是对西亚和美洲中部原始农耕遗址进行了大量的发掘和研究，取得很大成绩，使得人们对过去的一些看法不得不重新认识。如过去一向把陶器和磨制石器作为新石器时代文化的标志。由于农业考古研究的进展，对原始经济形态有了更全面的认识，从而提出农业经济才是划分新石器时代和旧石器时代的标准。因为农业的产生标志着人类从单纯依赖自然变为开发和改造自然，这是继用火之后的又一重大进步。1952 年，英国考古学家柴尔德正式提出"新石器时代革命"的概念，就是将农业的诞生作为这一革命的标志。东方的日本，在第二次世界大战之后，随着经济的恢复和发展，考古事业也有明显的进步，他们在稻作遗存和水田遗址方面的发现和研究取得了引人注目的丰硕成果。

中国的农业考古虽然起步较晚，但在 20 世纪后半叶进展迅速，不仅在史前农耕遗存的发现和研究上有突破性成就，将稻作农业的历史推到到 1 万年以前，就是对进入历史时期以后的农耕文明的研究也取得了显著成就。尤其可喜的是，广大考古工作者在发掘工作中，日益重视对农业遗存、遗迹的探寻和保护，甚至自觉地将其作为主要考古对象，细心发掘、细致收集有关农业迹象的一切信息，既将考古发掘和研究工作推向一个新的阶段，也填补了中国农业历史的某些空白，使得一部悠久的中国农业史更加充实和丰满。

一　中国农业考古的研究概况

（一）20 世纪上半叶（20 年代至 40 年代）

中国的现代考古学是 20 世纪初才开始从西方引进的，但在短短的一二十年间就有很大进展，特别是对殷墟的发掘取得了丰硕成果，出土的众多农具实物和甲骨文、金文中有关农业的文字与卜辞，引起有关学者的极大兴趣和重视。他们开始从事专题研究，其中尤以徐中舒先生和胡厚宣先生用力最勤、影响也最大。

徐中舒先生在 1930 年发表了著名的长篇论文《耒耜考》。它主要根据甲骨文和出土文物对我国古代农业工具中最重要的整地工具耒耜进行了专题研究。这篇文章在当时和以后相当长的时间内都产生了极大的影响。

胡厚宣先生在 30 年代也撰写了《甲骨文所见的商代农业》一文。文章根据当时有关甲骨文的研究成果，探讨了商代农业技术的各个方面，弥补了文献记载的不足，对当时的农业史研究具有重要的学术价值。

到了 40 年代，由于考古事业的发展，许多重要的史前遗址被发现并得到发掘，特别是仰韶文化和龙山文化的面貌得以揭示，出土了许多石质生产工具，从而引起考古学家们的重视。安志敏先生根据当时的考古材料于 1949 年发表了《中国史前时期之农业》，初步勾画出中国原始农业的基本面貌，可算是中国农业考古研究的先行者。

总的来说，20 世纪上半叶的农业考古发现是零星的、分散的，研究也处于自发状态，农业考古还不可能成为一门独立的学科。这是历史的局限，原因不在学者身上。

（二）20 世纪下半叶（50 年代至 90 年代）

新中国成立以后，考古事业蓬勃发展，有关古代农业的出土文物也日益增多，以至三年之后，安志敏先生就发表了《中国史前农业的发展》（1952 年）。较之前文，材料更为丰富，分析也更为深入，反映了解放初期史前农业考古的主要成就。后来又发表了《中国古代的石刀》（1955 年）一文，对原始农业的收获工具进行专门研究。在此之前，王静如先生发表了《论中国古代耕犁和田亩的发展》（1951 年）的长篇论文，结合古代田亩制度的演变对整地农具耕犁进行了深入研究。这篇文章在当时曾产生颇为强烈的影响。1955 年，胡厚宣先生发表了《殷代农作施肥说》。同年，荆山林先生出版了《中国生产工具发展史》一书，有关农业工具的论述是该书的重点部分。1959 年，孙常叙先生出版了《耒耜的起源及其发展》一书，重点探讨了耕犁的起源和发展历史。1960 年，唐兰先生发表了《中国古代社会使用青铜农器的初步研究》。由上可见，短短十年之间的农业考古研究远较过去半个世纪活跃得多。

不过，50 年代农业考古最重要的成就当属西安半坡遗址的发掘。这是首次采用科学发掘方法对新石器时代的村落遗址进行大面积的揭露，不但出土了大量距今六千多年的石质农业生产工具，而且还出土了许多粟的遗存。如在房屋遗址和墓葬中的一些陶罐、陶钵和陶瓮里发现粟粒，在窖穴中发现谷物朽灰的堆积，此外还发现了菜籽，引起人们的广泛注意。主持这次发掘的考古学家石兴邦先生在《西安半坡》一书中，对这些农业遗存进行了深入研究。此后，对于农作物遗存的搜集在田野发掘工作中日渐得到考古工作者的重视。不久，在长江中下游流域的湖北和江苏、浙江等地陆续发现了一些稻作遗存。如湖北京山屈家岭、武昌放鹰台、天门石家河，江苏无锡仙蠡墩、南京庙山，浙江吴兴钱山漾、杭州水田畈等等，相继发现了四五千年前的稻谷遗存，从而引起了人们对水稻起源问题的重视，著名农学家丁颖先生为此专门撰写了《中国栽培稻种的起源及其演变》等文章。

60年代初期，正是国家经济困难时期，各项事业都受到影响，考古工作也不例外。除了田野发掘中的个别发现（如上海青浦崧泽遗址发现了稻谷）外，只有少数学者从事这方面研究，发表了一些文章。如刘敦愿先生的《试论黄河流域新石器时代晚期畜牧业的作用》（1962年）、方壮猷先生的《战国以来中国步犁发展问题试探》（1964年）。刘仙洲先生于1963年出版的《中国古代农业机械发明史》一书，也对各地出土的农具进行了深入的研究。不久，"文化大革命"开始了，考古工作也就全面停顿了。

进入70年代以后，由于几处年代较早的新石器时代文化遗址的发掘，出土了大量农业工具和农作物遗存，大大推动了农业考古研究的开展。其中长江流域以浙江余姚河姆渡、杭州罗家角，江苏吴县草鞋山等遗址的发掘最为重要。这些遗址中都出土了大量距今六七千年的稻谷遗存和农具，尤其是河姆渡、罗家角遗址出土的大量骨耜和木耜，为前所未见，引起学术界的高度重视，从而开展了一场关于稻作起源和耜耕农业的学术讨论，也引起国外学术界的关注。黄河流域则以河北武安磁山遗址和河南新郑裴李岗遗址为代表，发现了大量早期农业遗存。磁山遗址除了出土大量石质农具外，还在88个窖穴中发现了粟粒堆积，其数量之多是罕见的。裴李岗遗址当时虽未出土粮食遗存，但出土的石镰和石磨盘制作精美，反映了当时的农业生产力已具有相当高的水平。由于这两处遗址的年代都是距今8000年左右，将黄河流域的农耕史大大推前，因而为学术界所瞩目，出现了一批有关史前农业尤其是稻作农业的研究成果，其中游修龄先生的《对河姆渡遗址第四文化层出土稻谷和骨耜的几点看法》（1976年）和《从河姆渡出土稻谷试论我国栽培稻的起源、分化与传播》（1978年）、闵宗殿先生的《水稻考古》（1978年）和《我国栽培稻起源的探讨》（1979年）、宋兆麟先生的《河姆渡遗址出土骨耜研究》（1979年）等可作为代表。1976年初在杭州召开的河姆渡遗址学术讨论会上，稻作农业成了会议的主要议题，当时首次明确提出耜耕农业的概念，获得大家的认可。不久，"四人帮"被粉碎，学术上的禁区开始被突破，学术界思想日益活跃。学者们开始将其研究成果公诸于世。1978年冬，江西省博物馆举办了《中国古代农业科技成就展览》。这是首次利用考古材料结合文献全面而系统地反映我国古代农业科技辉煌成就的尝试，也给人们提供了一次集中检阅建国以来有关古代农业考古成果的机会。1979年春天，农业部在郑州召开中国农业科技史编写会，特邀有关人员赴会，并在会上作了《文化大革命期间出土的有关农业文物》的专题报告，与会的一些著名农史专家对展览给予很高评价，并提出应该努力形成一门独立学科——农业考古学。因此，我们不妨把 70 年代视为中国农业考古学的孕育期。

1980 年，国家农业委员会在北京召开全国农业工作会议，修改后的《中国古代农业科技成就展览》应邀进京展出，产生了广泛的影响，后来被国家文物局列为全国巡回展览的重点项目之一，先后在全国二十几个城市展出，山东、上海等地也纷纷举办同类展览。不久，北京建立了中国农业博物馆，举办了大型中国农业科技史展览。1981 年 6 月，在国家农业部的直接关怀下，江西省博物馆成立了"江西省中国农业考古研究中心"，创办了半年刊《农业考古》杂志，向国内外公开发行，从此，农业考古有了自己的学术园地，可以集中发表农业考古的研究成果。正如著名历史学家姚公骞教授在《〈农业考古〉与中国农业考古学——为〈农业考古〉创刊五周年作》一文中指出的，《农业考古》杂志"在科学的世界里，开拓了一个既古老又崭新的园地，在这块园地里结出了丰硕的果实。正是在这样的基础上，经过酝酿和研究，一门新的学科已在形成之中，即将呼之欲出了，这就是中国农业考古学"。

80 年代后期，农业考古的重大突破主要是在长江中游的湖北、湖南地区发现了早于河姆渡和罗家角等遗址的稻作遗存。1988 年在湖北宜都枝城遗址发现了距今七千多年的稻壳遗存；在湖南澧县彭头山遗址也发现了大量七千多年前的稻壳遗存。发现的这两处遗存都比河姆渡和罗家角遗存早一千多年，将稻作的历史大大推前，从而使稻作起源于长江下游的假说受到很大的冲击。稻作起源再次成为农业考古界的热门话题。1989 年，由陈文华和日本学者渡部武主编的《中国稻作的起源》一书由日本六兴出版社出版。该书收入中国学者研究稻作起源的具有代表性的论文，反映了 80 年代以前中国学者的研究成果，在日本引起很大反响。

进入 90 年代以后，农业考古进入一个新阶段。1991 年 8 月，在江西省南昌市举行了"首届农业考古国际学术讨论会"，会议的主题是"农业的起源"，来自美国、日本、中国大陆和香港、台湾地区的一百五十多位专家学者出席了会议。会后出版了论文集《农业的起源和发展》。就在这次会议上，来自美国的安多沃考古基金会主任、世界著名农业考古学家马尼士博士提出与江西考古界合作进行农业考古发掘的建议。经国家文物局批准，从 1993 年至 1995 年对江西省万年县的仙人洞遗址进行发掘，结果在距今 10000 年至 8000 年的地层中发现了水稻的植物蛋白石，说明当时已经开始驯化水稻，从而将江西鄱阳湖地区的稻作历史推至 1 万年前。同一时期，湖南省道县玉蟾岩出土了距今 1 万年的稻谷遗存。这就将中国的稻作历史大大推前。此外，在淮河上游的河南省舞阳县贾湖遗址和淮河下游的江苏省高邮县龙虬庄遗址发现了约 8000 年前的稻谷遗存。在江苏省吴县草鞋山遗址和湖南省澧县城头山、八十垱遗址发现了 6000 年前的水田遗迹，这是田野考古发掘中的一个突破。1997 年 10 月，在南昌举行了以"稻作起源"为主题的"第二届农业考古国际学术讨论会"，来自美国、加拿大、罗马尼亚、日本、韩国和中国的一百六十多位学者出席会议。1999 年 10 月，又在湖南省株洲市召开了以"稻作农业与炎帝文化"为主题的"第三届农业考古国际学术讨论会"。十年之内，连续三次召开国际学术讨论会，这对农业考古事业起了重大的推动作用，也是农业考古学科建设趋向成熟的标志。

令人高兴的是，1999 年 9 期《考古》杂志，为纪念新中国成立 50 周年而编发的专稿《中国考古学五十年》中的新石器时代和秦汉部分，都有专门章节谈到农业考古的成就。编辑部的"编后记"在总结五十年来中国考古学的成就时着重指出："现代科学技术的广泛应用，极大地拓展了考古学的研究领域，科技考古方兴未艾；农业考古、聚落与城市考古、建筑考古、古文字学、铭刻学、陶瓷考古、美术考古、中外文化交流研究以及队伍建设、书刊出版等都获得了长足进展。"将农业考古放在突出的地位予以评价，这也是考古界再次对农业考古学的肯定。

二 中国农业考古的主要收获

（一）农业的起源

1. 农业起源理论

农业的起源是农业考古学的重点研究课题，西方的学术界对农业起源问题异常重视，早在 18 世纪就开始接触这个问题，19 世纪就有一些学者从人类学史的角度进行探索。到了 20 世纪，由于考古学的发展，特别是在近东发现了许多早期农耕遗址，从而使农业起源问题引起更多学者的重视，纷纷提出各种假说，呈现百家争鸣的局面。

在农业起源问题上，英国考古学家柴尔德的贡献很突出。他首先将农业的产生作为区分新石器时代与旧石器时代的标准，而不是传统的以磨制石器和陶器为主要标志，并将农业的诞生称之为新石器革命，认为其在人类历史上的重要性完全可以与近代的产业革命相比而毫不逊色。从而使考古界对农业起源问题更加重视，在考古发掘中更加主动自觉地搜集有关农业起源的信息，并对起源的原因进行各种探索。

西方有关农业起源问题主要有下列几种假说：

（1）绿洲说

柴尔德本人就以提出农业起源于绿洲的假说而闻名。柴尔德认为在冰河末期，湿润而寒冷的近东气候变得温暖而干燥，植物只在河边及绿洲生长，动物栖息在水源近处，人类也不得不居住在水源附近，因而得以观察周围的动植物，于是逐渐将植物进行栽培，将动物进行驯化。农业就这样产生了。

（2）原生地说

美国考古学家布雷德伍德则认为近东过去 12000 年间气候并未发生重大变化，从而否定了以冰河后期气候变化为前提的绿洲说。布雷德伍德认为在冰河后期的近东，曾有野生谷物和野生动物共生的原生地带。洪积世末期，人类采集食物的能力已相当高，可供食用的动植物资源丰富，定居的时间逐渐变长，与周围动植物关系更加密切，认识也更为加深。人们反复试验谷物的收割和种植、动物的捕获与饲养，从而出现了农业的曙光。

（3）新气候变化说

后来出现了新资料，通过花粉分析的结果得知，洪积世末期的近东气候是由寒冷干燥转向温暖湿润，于是气候变化引起的农业发生说又从新的角度被重新提出来。持这种观点的人认为大约在公元前 9000 年的洪积世末期，气候变得温暖湿润，野生谷物的生长地扩展，人们为了更方便采集食物，离开了原来居住的洞穴，逐渐在平原上生活下来。由于得到更多的日光照射，一些被人类无意中遗弃的种子容易在住处的周围发芽生长，使人们掌握了野生谷物的生长规律，开始种植谷物。居住地周围的空地又给狩猎者饲养动物提供了机会。农业便在这种良好的条件下发展起来了。

（4）人口压力说

另一派学说认为人口的压力是农业起源的主要动力。洪积世末期近东温暖的气候使植物繁盛，人口也随之增加。而人口增加又需要供应更多的食物，光靠采集野生植物已不能满足需要，人们就开始尝试种植野生的草本谷物。食物的增多促使人口增加，但人口增加到一定的限度时，又需要改进种植技术以提高产量。农业就是在这周期性的过程中产生的。

（5）周缘地带说

美国学者宾福德认为在一定环境区域内，由于人口的增加，原来的生活地区难以供给足够的食物，于是出现了两个集团，多出的人口成为移居集团，向适于生存的周围地区转移，而原有的集团留在原来的核心地带。因此迫切需要开发新食物来源的是移居人口增加的周缘地带，而不是核心地带。弗朗内立进一步发展宾福德的假说，认为栽培作物开始并不是在野生植物生存地带，而是在其周围那些条件稍恶劣的地方发生的[1]。

（6）宴享说

加拿大学者海登1992年提出了一种动植物驯化的竞争宴享理论。他认为在农业开始初期，在驯化的动植物数量有限和收获不稳定的条件下，它们在当时人类的食谱结构上不可能占很大比重。而有的驯化植物与充饥完全无关。因此，一些动植物的驯化可能是在食物资源比较充裕的条件下，扩大食物品种结构，增添美食种类的结果。例如谷物适于酿酒，有些植物纯粹是香料和调味品，一些葫芦科植物的驯化可能是用作宴饮的器皿，而狗除了狩猎外也是一种美食[2]。

应该说，各家的假说都有一定的道理，但又都不很全面，因而总是互相否定，难以取得共识。其实，农业产生的原因是非常复杂的，是在各不相同的自然环境中由多种因素构成的，不能仅仅归结于一两个孤立的因素，也不能限于传统的概念仅在新石器早期阶段中去探讨农业的起源问题，而要将视野扩大到中石器时代。根据国内外考古资料及学者们新近的研究成果,在许多距今 15000 年至 10000 年之间的"中石器时代"遗址中,已经出现了农业萌芽,诸如块根作物的种植及谷物的采集和栽培。而这时正是地球处于冰期阶段,气候严寒,原有的许多大型动物转移了,许多丰富的采集对象灭绝了,人们的食物资源出现了严重的危机,人们不得不寻觅新的食物来源。在饥不择食的情况下,除了猎获一些中小动物外,过去不大吃的苦涩的坚果、野菜、地下块根和水中的螺蚌以及野生谷物通通都被用来果腹。随着人口的增加,这些采集对象会日益减少,人们在熟悉了它们的生长规律之后,就会尝试去种植某些作物,先是块根块茎作物,然后才是谷类作物,作为采集经济的补充和后备。当冰期过去之后,气候转暖,那些种植过的作物生长得更加茂盛,产量增多,人们就扩大种植规模,逐渐将其驯化为栽培作物。农业就这样产生了。以中国为例,距今 20000 年至 11000 年前,正当大理冰期的峰期,气候严寒,这时正是所谓"中石器时代"。在我国华南一带的许多洞穴中发现了这一时期的遗址,并且在遗址中发现了农业遗存。如在湖南的玉蟾岩、江西的仙人洞和广东的牛栏洞都发现了水稻遗存或植硅石。当冰期结束之后,在距今八九千年之间,先民们开始大力种植水稻,并且使其在长江流域得到迅速的发展。这一观点,在 1999 年 12 月 11 日至 13 日于广东省英德市召开的"中石器文化及相关问题国际学术讨论会"上,获得很多学者的认同[3]。

不过,与西方学者相比,中国的学者更关心本国农业的起源问题,并在下列几个问题上取得共识。

(1)中国农业的本土起源

在农业起源地方面,历来有多元论和一元论之争。多元论认为世界各地均有独立的农业起源地。如前苏联植物学家瓦维洛夫通过对大量栽培物种变异形成中心的研究，发现世界上有八个栽培作物起源中心地区。美国植物学家哈兰则将世界主要的农耕起源地划分为六个。两人都将中国划为一个独立起源中心。以美国地理学家索尔为代表的一元论者主张农业首先在某一特定的区域发生，再向世界各地传播。索尔认为农业发源地在东南亚，然后传播到周围地区。有的学者则主张近东月芽形地带是农业起源中心。中国的学者大多主张多元论，特别拥护中国是独立的农业起源地的学说。其中尤以美籍华裔学者何炳棣教授最为突出。他在 1969 年出版的《黄土与中国农业的起源》中，以大量的文献资料和科学论据雄辩地论证了中国的农业起源于黄土高原，成为中国农业本土起源论的杰出代表[4]。

国内的学者对农业起源问题用力最勤、成绩突出的当数李根蟠、卢勋和黄崇岳诸位先生。他们在诸多论著中对农业起源的几个主要问题提出了独立见解，引人瞩目。

（2）农业起源于采集、狩猎时代

关于农业起源问题，有一种传统的观点，认为畜牧业先于种植业，以后人们为了解决饲料的需要才产生种植业。摩尔根在《古代社会》一书中指出：东半球（旧大陆）的农业，是游牧部落为了解决牲畜的饲料而产生的。恩格斯在《家庭、私有制和国家起源》中也引用同一观点："十分可能，谷物的种植在这里首先是由牲畜饲料的需要所引起的，只是到了后来，才成为人类食物的重要来源。"[5]恩格斯的这一论述，曾在中国史学界产生很大影响，某些学者甚至将它与古代文献记载中的"伏羲氏"和"神农氏"传说结合起来，提出"伏羲氏"是代表畜牧业发生时期，"神农氏"则代表农业发生时期，由于《易经·系辞下》有："伏羲氏没，神农氏作"的记述，于是就认定中国也是先有畜牧业，然后因畜牧业发展引起的饲料需要才发明农业。李根蟠、黄崇岳、卢勋在《试论我国原始农业的产生和发展》[6]和《再论我国原始农业的起源》[7]等论文中首次对这种观点提出异议，明确指出：原始农业（种植业）是从采集渔猎经济阶段直接产生的，其间并没有经过一个畜牧经济阶段，不是畜牧业的发展引起了农业；畜牧业虽然也是萌芽于狩猎采集经济阶段，但它的真正发展，特别是游牧经济的形成，往往是以农业生产的一定发展为必要条件的。

李氏等人首先从考古学角度进行考察，指出解放后所发掘和调查的大量新石器时代遗址，基本上都呈现了以农业（种植业）为主的综合经济面貌，至今未发现一处是以畜牧经济为主的早期农业文化遗址。过去将"细石器文化"当做"游牧文化"是不正确的，它应该属于狩猎经济，而农业是直接从采集经济发展而来的。因此考古学并没有提供畜牧业引出农业的任何证据，能够提供的倒是否定的证据。其次指出，司马贞补《三皇本纪》中把"庖牺氏"解释为"养牺牲以供庖厨"是后儒望文生义的一种曲解，根据战国学者的记述，"庖牺氏"时代属于渔猎经济时代，因此不能作为畜牧业先于种植业的根据。再次，大量的民族学资料也表明南方少数民族的农业是从采集经济发展而来的，即使是北方的少数民族在形成游牧经济以前，也经历过原始农业阶段，并非种植业发生在畜牧经济阶段之后。在我国考古和民族学材料中，迄今没有看到人类在狩猎采集经济阶段就完成了构成人类食物重要来源的、具有相对独立经济意义的草食或杂食性动物——牛、羊、猪、马的驯化和繁殖的事实。虽然畜牧业与种植业一样萌芽于旧石器时代晚期的采集狩猎经济（前者直接渊源于狩猎，后者直接溯源于采

集），但它的真正发展，尤其是游牧部落的形成，则往往是在
其内部或外部的种植业有了一定发展以后。这是既合乎历史事
实又合乎历史发展逻辑的必然现象。

（3）首先种植块根或块茎作物

农业起源问题中的一个重要问题是原始种植业究竟是从栽
培什么作物开始的。李氏等人通过对我国南方若干少数民族资
料的研究，发现人类最早栽培的作物可能是块根块茎作物，然
后才是禾谷类作物，这是带有普遍性的现象。如云南的怒族最
早栽培的作物是芋，它是从野生芋中独立驯化的，而不是引进
的。景颇族以及与景颇族关系密切的阿昌族也是首先种芋的。
独龙族最早栽培的作物之一也是芋。拉祜族曾经"以叶为棚，
无定居，略种杂粮，取山芋为食，性嗜猎"。古代海南岛黎族
最早种植的作物是薯芋。都是块根作物。台湾高山族的山地土
著居民中最为原始的"野番"以及处于原始农业早期阶段的
"生番"，以种植芋薯为主。在国外，东南亚、大洋洲和非洲一
些热带、亚热带地区的原始农业民族也是首先种植芋或薯类等
块根作物的。

已故考古学家童恩正教授赞同这一观点，他指出："就华
南地区的农业发展而言，在栽培稻米之前，有一个栽培无性繁
殖作物的时代，作为稻作农业兴起之前的一个准备阶段，这是
十分可能的事。"[8]

块根块茎作物，特别是芋之所以在许多地方首先被原始农
人所栽种，主要原因是：第一，在采集狩猎时代，块根块茎植
物是人们最喜欢采集的野生植物之一。这类作物块大量多，含
有丰富的淀粉和其他营养物质，吃了能耐饥。第二，块根块茎
作物不像谷物那样要求砍烧比较大片的林地，可以利用林间隙

地挖穴栽种。第三，芋薯类块根块茎作物产量高、质量好，而且炊食比较简便，只要沿用传统的烧烤兽肉的方法稍加变通即可，且能较长时间地保存。

（4）原始农业起源于山地

农业起源问题中的另一个重要问题是最初的农业是在什么样的地理环境中出现的？李氏等人认为是先在山地出现的，而后再向平地发展，先有旱地农业，后有水田农业。他们发现我国南方较多保存了原始农业成分的民族，其原始种植业毫无例外都是从山地开始的，如独龙族、怒族、傈僳族、佤族、布朗族、基诺族、景颇族、纳西族、苦聪人，以及黎族、高山族、苗族、瑶族、珞巴族等等，其早期耕地一般都分布在山腰或山麓，名曰火山地。黎族叫种山栏或砍山栏，纳西族叫开火山，仅从名字就可看出原始刀耕农业与山地结下了不解之缘。其次，目前发现的新石器时代农业遗址，文化层堆积较厚，农业工具比较进步，都已脱离农业的最原始阶段，在这以前应该有更原始的农业遗址存在。北方的裴李岗文化和磁山文化遗址，处于黄土高原与华北大平原交接地带，很可能是处于山地农业向低地农业过渡的中间环节（在河南嵩山地区发现的被裴李岗文化层所叠压的早期农业文化遗址，就为我们提供了研究早期山地农业的线索）。山东的北辛文化遗址也处于泰山山脉的边缘。在南方普遍发现的新时期时代洞穴遗址，一般已有陶器和石斧、石锛、蚌耜、骨铲一类农具，很可能已从原始的山地农业或渐从山地农业向低地农业过渡。还有一些洞穴遗址，旧石器时代文化层与新石器时代文化层叠压在一起，更可以作为原始农业发源于山地的证据。再从古代神话传说看，据《左传》、《礼记》等文献记载，远古时，有一位"烈山氏"（有人说他就是炎帝神农氏），他的儿子叫"柱"，又叫"农"，被人供奉为最早的农神——后稷。最早的农神与"烈山"联系起来，反映了最初的农业与山是密不可分的。又《国语》说："稷勤于农业而山死。"这也应解释为农业起源于山地。正因为如此，最早的农神才会殉职在他的工作岗位——山上，而为后人所怀念。这与上述传说正好互相印证，都是我国原始农业起源于山地所遗留下来的历史影子。

农业起源于山地的原因是，原始农业是从原始采集狩猎经济中孕育出来的。开始人们只是沿用传统的石斧、木棒和火猎的经验，实行刀耕火种，而生产的关键在于林木。林木正是从事早期农业的人们生存所必须具备的自然条件。因此山地尤其是山腰和山麓就成为早期原始农业发展比较理想的地方。山腰地带不像高山那样寒冷多风，也不像沿江或河谷那样炎热潮湿，气候宜人。这里茂密的森林为刀耕农业提供了必要的良好条件。这里又是野生植物种类繁多和各种动物繁衍出没的地方，为野生动物、植物的驯化提供了丰富多样的资源，又正好适应原始农业长期与采集狩猎并重的情况。从云南少数民族地区看，林木首先遭到砍伐和破坏得最厉害的是山腰或高地边缘，这正是原始农业起源于山地的有力证据。而早期农业要首先开发河流两岸低平地区是很困难的，一是这些地方不适宜林木生长，林木往往比较稀疏，缺乏刀耕农业最基本的条件。二是这里往往低洼积水，或者比较潮湿，从事刀耕农业的人们手中最有效的武器——火在这里显得没有用武之地，砍烧林木，去除草木宿根，驱逐虫蛇猛兽，都比山坡困难些。三是这些地方的开发，一般又必须解决排水与防洪问题，进一步还要解决灌溉问题，没有一定的经验积累，没有翻土工具的发明，这是不可能的事情。因此，早期农业要首先开发河流两岸低平地区是很困难的，低地农业一般须在原始农业有了一定发展，具备了一些必要条件以后才可能发展起来。

2．稻作的起源

关于稻作的起源，中国的学者倾向于人口压力说："（长江流域）夏季炎热，植物生长茂盛；冬季寒冷干燥，除某些地下块茎植物外，很难找到就便的植物性食物，而狩猎也难以保证稳定的食物供应。在人口随着史前文化的发展而逐渐增多的情况下，这个矛盾必定会尖锐化，迫使人们去寻找那种能够增产又便于储存的食物。一旦人们发现了野生稻的食用价值和易于长期储藏的特点，必定会着意培养繁殖。"[9]也有个别学者倾向于宴享说。如陈淳先生就认为长江流域的稻作农业起源，可能是原始先民们为了寻找味美的食物而选择了野生稻，然后有意加以栽培[10]。

其次，就中国本土农业而言，稻作农业和旱作农业是各自独立起源的，并无先后继承的关系。即黄河流域是旱作农业区，主要栽培粟、黍、稷、麻、豆等旱地谷物。长江流域是稻作农业区，主要栽培水稻。"二者在农业发展上是并行的两个系统，而不是前后继承的关系。"[11]这是由各自的自然条件造成的，也为考古发掘资料所证实。因而国内外学者大都持赞同观点。

不过，中国的学者更注意着力探讨的是稻作起源地的问题。

关于稻作的起源地，国际学术界素有争议。在20世纪上半叶，国外有些学者认为稻作起源于印度，然后渐次传到中国、日本和南洋诸岛。这是因为当时考古出土的稻谷标本以印度的较早。但是，自20世纪50年代以后，中国的考古事业蓬勃发展，各地出土的稻谷标本的年代越来越早，远远超过印度及东南亚其他国家，于是，更多的学者（特别是中国的学者）主张应该在中国本土寻找稻作起源地。其中较为有代表性的有下列几种观点。

（1）起源于华南

最早提出这一假说的是已故中国著名农学家丁颖教授。早在1949年他就提出"中国之稻种来源，与古之南海即今之华南有关"[12]。1957年他在《中国栽培稻种的起源及其演变》一文中，再次论证"根据我国五千年来稻作文化创建过程并由华南与越泰接连地带的野生稻分布和稻作民族的地理的接壤关系，特认定我国的栽培稻种是起源于华南"[13]。有不少学者赞同这一观点。如童恩正先生在《略述东南亚及中国南部农业起源的若干问题》一文中认为："根据现有的资料，基本上可以断定亚洲栽培稻的起源地就在中国长江以南地区。它可能在浙江省杭州湾一带，但更可能是在纬度较南的云南、广东、广西地区。"[14]李润权先生在《试论我国稻作的起源》一文中更明确提出"在我国范围内追溯稻作栽培的起源中心应该在江西、广东和广西三省的旧石器晚期遗址多作努力，其中西江流域是最值得重视的"。其主要理由是：（1）分布在中国的普通野生稻是多年生野生稻，是公认的栽培稻祖先。它在中国分布的海拔高度约为30米至600米，东起台湾的桃园（121°15'E），西至云南的景洪镇（100°47'E），南起海南岛崖县的羊栏（18°15'N），北达江西的东乡（28°14'N）。这一范围才有可能是稻作栽培的起源地。（2）在这一范围内只有江西、广东和广西三省发现了较密集的新石器时代早期遗址（其碳十四测定年代都早到公元前 8000 年以上，远远早于浙江余姚河姆渡遗址）。这些遗址周围的生态环境都有多水的低洼地或沼泽，适于水稻种植。(3) 这些遗址当时虽未发现水稻遗存，但已出土许多石斧、石锛、蚌刀、石磨盘、石杵等可视为从事农业的工具，表明人们已能利用谷类作物，这些谷类作物应该就是水稻[15]。裴安平先生在稍后发表的文章中也持相似的观点。他着重从古气候学角度来研究华南地区的稻作起源问题，认为距今 25000 至 11000 年是中国近 10 万年来气候最干冷的时期，为大理冰期峰期阶段。中国大部分地区都受到严寒气候的侵袭，长江中下游地区的气温比现代要低 8℃ 左右，属于暖温带气候。而现代直抵河南南部的亚热带气候，当时则收缩到北纬24°以南地区，亦即广西中部以南。如果说新石器时代早期的农业先前可能还有一段较长的准备过程，那么，这时期自然条件最适宜的区域应当首推华南。至于长江流域，此刻可能因气温较低而危及到普通野生稻的存在。"华南作为既有野生稻分布，又有适宜的自然环境，还有长期人类居住和活动的地区，它的水稻栽培史当不会晚于长江流域。"[16]多年以后，稻作起源于长江中游说甚为盛行之际，裴安平先生在 1997 年第二届农业考古国际学术讨论会上又重申了这一观点[17]。裴先生正是"长江中游说"的主要考古学证据彭头山遗址的主持发掘者，他却不主张稻作起源于长江中游说，而是力主起源于华南说，这种探求真理的科学态度，甚为难得。

(2) 起源于云贵高原

国内外有不少学者（特别是农学界）主张稻作起源于云贵高原。如日本学者渡部忠世认为水稻的原产地是从印度阿萨姆邦到中国云南的椭圆形地区[18]。菲律宾学者张德慈也认为

"可能系自尼泊尔—阿萨姆—云南地区经由云南引入黄河流域，且自越南经由海路引入长江下游盆地"[19]。中国的学者则把注意力集中在国境线内，多主张起源于云南或云贵高原。如农学家柳子明认为："根据云南、西江流域、长江流域、海南岛、台湾省等广泛地区都分布有野生稻的事实和文献记录，可能说明起源于云贵高原的稻种沿着西江、长江及其发源于云贵高原的河流顺流而下，分布于其流域或平原地区各处。"赞同这一观点的还有农学家游修龄，考古学家汪宁生、李昆声诸位先生。他们认为水稻起源于云南的可能性最大，因为云南的植物种类多达一万五千种，约占全国的一半，有"植物王国"之称。云南的稻种现有三千多个品种。稻谷种植的垂直分布从海拔 40 米直到 2600 米。由于地理、环境、气候的特点，云南现代栽培稻种的亲缘关系十分接近云南的现代普通野生稻，因而云南现代栽培稻的祖先很可能就是云南的普通野生稻[20]。

（3）起源于长江下游

主张此说的有农史学家闵宗殿先生。他在 1979 年就根据河姆渡遗址的考古发现，认为中国的栽培稻起源于长江下游，"以江苏、浙江为中心而向外传播"[21]。最有代表性的文章是考古学家严文明先生的《中国稻作农业的起源》[22]。他将 1980 年以前中国各地新石器时代遗址出土的水稻遗存，按年代早晚和分布地域联系起来进行考察，从而勾画出中国栽培稻发展的一个大概轮廓："它们很像是从一个中心出发，像波浪一样地逐渐向周围扩展开来。由于河姆渡第四层的年代最早，稻谷又最丰富，它所在的杭州湾及其附近自然是最有条件被当作起源中心看待的。接着的第一个波浪到达长江三角洲的近海一侧，即马家浜文化期所代表的范围，年代大约在公元前

4300 年至公元前 3700 年之间。第二个波浪沿长江向西发展，直达两湖盆地，就是阴阳营期和大溪文化分布的范围，年代约在公元前 3800 年至公元前 2900 年左右。第三个波浪是在公元前 2900 年至公元前 2100 年左右发生的，长江下游和杭州湾地区的良渚文化、两湖盆地的屈家岭文化、北江流域的石峡文化，以及分布于黄淮平原、江汉平原和长江以南许多地区的属于龙山文化时代诸文化的范围之内，都已有了水稻的种植。"赞同这一观点的还有考古学家杨式挺先生，他在《从考古发现试探我国栽培稻的起源演变及其传播》[23]一文中，批驳了起源于云贵高原说和起源于华南说之后指出："从长江流域古今野生稻的存在、栽培水稻生活的自然条件、考古发现的稻谷遗迹，以及我国古籍的有关记载，完全可以认定，长江流域，特别是下游的东南沿海地区是我国栽培稻的一个起源区。"

（4）起源于长江中游

当湖南省澧县彭头山遗址发现距今 8000 年左右在当时是年代最早的稻谷遗存之后，中国稻作起源于长江中游的假说就盛行一时。主张这一假说的有卫斯、向安强等中青年学者，也有刘志一先生等老一辈学者，他们都有长篇论文论述长江中游是中国稻作的起源地[24]。除了彭头山遗址的发现之外，90 年代初期湖南省道县玉蟾岩遗址又发现了距今 1 万年左右的稻谷遗存，也成了这一假说的有利证据。

（5）起源于黄河下游

持这一假说的是李江浙先生。他在《大费育稻考》[25]一文中，根据《史记·夏本纪》中禹"令益予众庶稻，可种卑湿"的记载，认为益是种稻技术的传播者。又根据《史记·秦本纪》

考证益即伯翳，又作大费，又考证"费"是"秜"字的变形，也就是野生稻，因此认为大费及其先人是把野生稻驯化为栽培稻的创始人。他还考证大费先人所居住的鲁南、鲁西、苏北等地都是卑湿多水之地，是野生稻生长之地。结合江苏省连云港市二涧村遗址发现过距今 7885 年 ± 480 年的稻谷遗存，认为"中国稻作的创始人是秦之先人大费，发源地是其族的居住地，即今鲁南、苏北和山东、河南、河北三省的交界地区，时间大约至少距今七千八百年"。

(6) 起源于长江中游—淮河下游

在 20 世纪 90 年代初期，地处淮河上游的河南省舞阳县贾湖遗址发现了距今七八千年的稻谷遗存，地处淮河下游的龙虬庄遗址也发现了 5000 年至 7000 多年前的稻谷遗存，于是有人认为淮河流域也应该视为中国稻作的起源地之一。如农学家王象坤先生就提出："我们认为长江中游与淮河上游可能是同一历史阶段发生并列发展的中国栽培稻的最初发祥地。"[26]

以上各种观点，以"黄河下游说"较难成立。这是因为该说缺乏生物学方面的根据，过分依靠文字训诂，甚至用拆字分析方法，"不顾'六书'常识，混淆了形声字和会意字的界限"。如大费之"费"字是否就是"秜"字的变形，古文字学界尚无定论，据此来推论就缺乏说服力了[27]。从生态学的观点来看，水稻只能起源于长江流域及其以南地区，不可能发源于以旱作为主的黄河流域，这也已经被国内外学术界所公认。连云港二涧村遗址发现的水稻遗存只能说明黄河下游种植水稻的历史比人们所了解的要早得多，但却无法证明它是稻作的起源地。"淮河流域说"也存在同样的问题。因而赞成的人不多。

其他四说则都是在适合水稻生长的中国长江流域及其以南地区来寻找中国稻作的发源地，它们各有其立论依据，但还都不够充分，以至形成相持不下的局面。

主张"云贵高原说"的中国学者的观点和日本学者的意见大致相同，主要是从生态学的角度，根据云贵（特别是云南）的地理位置、自然条件以及丰富的野生稻资源来论证，但缺乏考古学上的证据。迄今为止，云南只发现为数有限的几处稻谷遗存，既不丰富，时代也晚，最早的仅距今3500年左右，远远晚于长江中下游地区。除非将来有比长江、华南更早的稻谷遗存出土，否则只能停留在生物学上的推论。此外，云南的野生稻主要是疣粒野生稻和药用野生稻，作为栽培稻直接祖本的普通野生稻仅仅在靠南边的个别地点才有发现，因此云南不是普通野生稻分布的中心。近年来，通过农学家的研究，还发现云南的野生稻和内陆的野生稻遗传基因有些区别，云南的野生稻偏向籼型，内陆的野生稻偏向粳型，与当地的栽培稻的基因更为接近，因而云南的野生稻不大可能是长江流域栽培稻的直接祖本。因此，就是从生物学的角度来看，"云南说"的根据也并非是很充足的。

"长江下游说"主要是根据河姆渡遗址发现的当年是年代最早的大量稻谷遗存而立论，由于后来位于长江中游的彭头山、玉蟾岩、仙人洞以及淮河流域的贾湖等遗址发现的稻谷遗存都远远早于河姆渡，因而也就失去说服力。游修龄先生还从水稻品种资源的角度提出批评："太湖地区的水稻品种资源，……具有明显的继承性，同福建就完全不同，同安徽则同中有异。江苏、浙江的水稻品种在历史上既表现出丰富性又表现为特定地域性，使它的影响不可能成为一个中心一直散布华中、华南。湖北、湖南、江西的水稻地方品种在明清的方志中，其名称、称呼都和太湖地区有很大差别……所以把它们归结为以太湖地区为中心，呈波浪形的持续几千年的扩散恐难以成立。"[28]

同样，由于彭头山等遗址的发现而兴盛起来的"长江中游说"，也是主要依靠考古发现来立论。但是考古发现带有很大的偶然性，目前发现是最早的遗址，将来未必就是最早的。别处目前没发现，不等于将来不会发现，如果只根据考古发现的早晚来推论稻作起源地，本身就容易被考古新发现所否定。因此，虽然目前"长江中游说"的根据似乎最充分，但仍然无法成为定论。

而"华南说"过去因该地区出土的稻作年代较长江中下游为晚，为不少人所否定，但从古气候学的角度分析其成为栽培稻起源地的可能性，却是不容忽视的。特别是近年来在江西万年仙人洞、接近于广西的湖南道县玉蟾岩以及广东英德牛栏洞都发现了距今 1 万年左右的稻谷遗存（稻谷及水稻植硅石），就使得"华南说"更加具有说服力，重新引起人们的重视。

总之，中国稻作起源于何处，目前还难以得出统一的结论，而且，一时也不可能有定论。以致有人认为水稻的起源可能是多中心的。如日本学者冈彦一就认为："栽培稻是多元起源或分散起源的。"[29]连主张"长江下游说"的严文明先生也说："既然适于栽培的野生稻在中国、印度和东南亚等许多地方都有分布，那么栽培稻也就可能在许多地方较早地独立发生。中国的水稻固然不必到外国去找根源，而中国本身也不必只有一个栽培稻起源的中心。"[30]因此有些学者主张不必将稻作起源中心定在一个狭小的范围内，可以将整个长江中下游地区（甚至包括华南地区）都视为起源地，其时间至少距今1万年以上。考古学家安志敏先生在1984年就认为"中国的稻作农耕以长江流域为最早……从考古上可以证明它是稻作农耕的起源地"。"并且长江中下游可能是它的起源中心"[31]。严文明先生在《再论中国稻作农业的起源》中，也赞同将长江中下游视为起源地，"作为一种假说，也未尝不可以把华南和长江中下游看成是一个统一的稻作农业起源区，只是各自所起的作用不尽相同罢了"[32]。于是，1993年在日本佐贺大学举行的"中日国际稻作和东亚农耕学术讨论会"上，中国学者参加的有农学家王象坤，考古学家严文明、何介钧、刘军和陈文华。在大会上陈文华代表中方代表团发言，明确表示不赞同"稻作起源于云南说"，而主张"起源于长江中下游说"，得到许多日本学者的支持[33]。

其实，就考古发现来说，要探求稻作的起源，仅有稻谷标本还不够。因为仅靠稻谷标本本身无法了解当时水稻的种植情况，因此寻找原始稻作的稻田一直成为中国南方考古学家的一个重大的课题。

3．古稻田的发现

古稻田的发现对研究稻作农耕的起源有着重要的意义。稻谷标本的发现，固然可以推断稻作起源的年代，但是却难以了解稻作在当时经济生活中所占据的地位，也无法确定当时种植的规模和技术水平。只有原始的稻作生产发展到一定的水平才可能出现稻田，因而古稻田的发现对研究原始稻作农耕的起源具有重大的科学价值。可是，我国过去长期未能发现原始农业的稻田遗址，一直引为遗憾。直至20世纪90年代才取得了突破性的成就，先后在江苏省苏州市草鞋山和湖南省澧县城头山遗址发现了距今 6000 多年的稻田遗址。

1992 年至 1995 年以来，南京博物院考古研究所与日本同行们合作，对原吴县（今划归苏州）草鞋山马家浜文化遗址进行重新发掘，目的是寻找当时的稻田遗址，结果获得成功，发现了距今六千多年的稻田遗址。在马家浜文化遗址东区发现水稻田 33 块、水沟三条、水井六个。水稻田的平面多为圆角长方形或椭圆形或不规则形的浅坑。面积小的仅有 0.9 平方米，大的达 12.5 平方米，浅坑深 0.2～0.5 米，成西南—东北成行排列。水稻田之间有的用水口相通，并有水沟、蓄水井（坑）等设施，使水流经水沟、蓄水井（坑）而进入水稻田内。在西区发现人工开挖的大水塘二个、水田 11 块、水沟三条、水井四座。稻田的形状、大小、排列方式，均与东区相同。这种稻田的结构形态，从田边有水沟、水井发展到有水塘，"已具有我国历史时期水田结构的雏形，从原始形态发展到规模经营，说明稻作农业生产已日趋成熟"。"因此，对长江下游马家浜文化时期稻作农业的发展程度应作出崭新的科学评估"[34]。

1996 年冬天，湖南省考古研究所在对澧县城头山遗址进行重新发掘时，在早期城墙下发现了古稻田。1997 年冬对古稻田进行了大面积发掘，清理出三条田埂。三条田埂之间形成二丘田。稻田中的泥土为青灰色纯净的静水沉积，有很强的黏性，形成龟裂纹，泥土中还保存着稻梗和根须，从局部剖面观察，可以看出一根根往下伸展的根须或留下的痕迹，可辨识出当时采用的播种方式是撒播。稻田可分两层，下层的泥土经光释光法测定，其年代为距今 6629±896 年。这不但在国内，就是在全世界也是目前已经发掘出来的年代最早的古稻田。

同时还发现了与水稻配套的原始灌溉系统，有水坑和水沟。已发现的水坑有三个,直径为 1.2～1.5 米,深约 1.3 米。坑底有一层很浅的淤泥。水坑高于稻田,有水沟连接通向稻田。目前已发现的水沟有三条,在沟中发现一些汤家岗文化的陶片,从而为灌溉系统的断代提供了物证。汤家岗文化的年代为距今 6500 年至 6300 年,与上述稻田泥土用光释光法测定的年代十分接近。这也是目前已发现的最早的原始农业灌溉系统,对研究原始稻作生产的起源具有重大的科学价值[35]。

草鞋山和城头山两处古稻田的发现,表明长江流域稻作农业在 6000 年前就已达到相当高的水平,当时的播种方式是撒播,已经有了初步的灌溉系统,这些都是过去研究中只能猜测而无法肯定的事情,现在终于能够获得考古学上的证明,可以说是中国农业考古中有关原始稻作农耕研究方面所取得的突破性成就,也使得主张稻作起源于长江中下游说的学者受到鼓舞。

4. 家畜的起源

畜牧业是从原始狩猎经济发展而来的,但是野生动物是如何被原始人驯化为家畜,其具体过程到底如何,却无法从考古学上取得直接证据。因此许多学者经常根据民族学的材料来研究原始畜牧业的产生过程,李根蟠、黄崇岳、卢勋诸先生在这方面取得了较大的成就。

李根蟠、黄崇岳、卢勋三位先生在他们合作的《原始畜牧业起源和发展若干问题的探索》一文和李根蟠、卢勋二先生合作的《中国南方少数民族原始农业形态》一书中对驯化野生动物的过程有较深入的研究,他们认为:

随着狩猎经济的发展,人们征服野兽的能力大大增强,对野生动物的习性也日益了解,这就为畜牧业的产生准备了条件，并必然导致对动物的饲养。将野生动物变成家畜，一般要经过拘系圈禁→野外放养→放牧→圈养几个阶段。

首先是拘系圈禁。原始人在捕获较多野兽之后，如果一时吃不完的话，常将一些幼畜拘禁起来，这是一种储存食物的方式。然后经过饲养，逐渐使其驯服，再进行牧养。如云南的佤族，最早养的猪就是野猪。开始人们用绳子把它拴住喂养，养熟了才实行放牧。直至解放前，云南西盟佤族有些猪还带有明显的半野性。东北的鄂温克人饲养的驯鹿也是经过了拘系圈禁阶段。他们将性情温顺的野生鹿崽带回家放在栏栅内，用鲜苔喂养，日久成为家鹿。云南怒江的怒族和傈僳族经常猎取到江边饮水的扭角羚，有时将小扭角羚捉回后，放在木栅里关起来，养大了宰食。台湾高山族驯养野牛的方法也大致相似。清人黄叔璥《台海使槎录》中引《居易录》："台湾多野牛，千百为群，欲取之，先置木城（按：即木栏）四面，一面为门，驱之急则入，入则为扃，闭而饥饿之，然后徐施羁靮，豢以刍豆，与家牛无异矣。"《番社采风图考》记载捕饲野牛的情况："以长竿系绳为圈，合圈束其颈，牛曳绳怒奔，则纵其所往，伺其力尽，绳势稍缓，徐徐收系于木，饿之，渐进草食。……"汉字中"畜"即从"兽"孳乳而来，《广韵》中为同音，皆读"许救切"。甲骨文中的"畜"，郭沫若指出："乃从幺从囿，明是养畜义，盖谓系牛马于囿也。字变为畜。"幺为绳索纠结的象形，有拘系之义，用它代表牲畜，说明牲畜是经过拘系驯化的野兽。即是《淮南子·本经训》所说的"拘兽以为畜"。

其次是野外放养。这是普遍存在的原始饲养方式。即将驯化后的家畜放养在野外，任其自由觅食与活动，既无专人看管，亦无牲畜栏圈。如解放前，西盟佤族的许多村寨都是把牛羊放养在野外，日夜不归，无人看管。与野放并行的是野交，不懂得人工繁殖，有的家牛在长期野放中恢复了野性。平时实行野放，需要吃用时才捉拿，甚至要用火枪射击。当然野放要有一定的范围，并非漫无边际。如怒族、傈僳族喜欢把牲畜放在山谷里，用树木、石块堵住山谷的隘口。牲畜放在山谷中，日夜不归，主人只是偶尔巡视一下。野放不但适用于牛羊，也适用于猪。如怒族、西盟佤族、傈僳族等都是将猪野放在山坡上让其自由觅食。晚上甚至都不回村寨。至于鸡、狗则在村寨中的空地、草堆中觅食，一般也不喂饲。野放是与游猎经济相适应的，在原始农业时代，则是与刀耕火种的生产方式相适应。在游猎时代，牲畜只能靠采食野生植物，不可能有专门的牲畜棚圈。即使到了原始农业的初期，人们还不可能生产充足的谷物，还得依靠渔猎和采集补充，要经常以农副产品喂养牲畜是困难的，因此牲畜基本上只能在野外觅食。再加上当时人们经常迁徙，住所十分简陋，自身还是穴居野外或"结草为庐"，哪能为牲畜专门营造栏厩？在野放的情况下，由于饲料不足，营养不良，活动多，消耗大，牲畜生长缓慢、瘦小。如解放前怒江地区的猪一般到三四十斤就不长了。同时因野兽的伤害和自然灾害的袭击以及山崖跌伤等原因，牲畜的死亡率也高。因此当时的生产力是低下的。

再次是放牧。锄耕农业和村落定居出现以后，原始畜牧业这种生产方式有了明显的进步，主要是从野放发展为专人放牧。怒江地区的怒族和傈僳族虽然基本上处于野放阶段，但有些地方已开始实行冬季专人放牧。当地的牛羊夏天在山上野放，寒冬到来前，便被赶到江边。若干家的牛羊放在一起，由各家轮流派人看管或由专门的辅助劳力看管。台湾的高山族雅美人养羊虽也实行野放，但已开始派人进行极其简单的照顾。解放前西盟佤族的某些村寨，原来的那种野放方式也有了改进。如马三寨在寨墙周围1.5公里的范围内用竹木围成栏栅，把牛羊放在里面，晚上牛自动集中到寨内的一个地坪上，各家可派人早晚看看自己的牲畜。陕西省临潼县姜寨新石器时代遗址中发现的牲畜野宿场地，就是属于这一类设施。西藏米林县马尼岗地区的珞巴族从事刀耕火种兼营畜牧业，他们饲养猪、鸡和黄奶牛，都是实行野放，并无专人放牧。但是中等户以上的人家饲养犏牛已经开始采取专人放牧的形式，每年三四月份把犏牛赶到高山牧场去放牧，至七月份下山回村，每个畜群由三五人看管。由此可见，野放是比较原始的放牧方式，专人看管的放牧是后起的比较进步的方式，这是原始畜牧业发展过程中互相衔接的两个阶段。

最后是圈养。原始畜牧业生产方式的另一个进步就是栏圈的出现。在栏圈发明之前还有一个人畜同居的阶段。如《续修台湾府志》引《番社风俗》所记阿里山等番社的住所，"依山掘土，状若穴居，以沙石板代砖，或以木或茅竿草为之，阔不一式，高不盈丈，牲畜俱养于内"。高山族的泰耶鲁人所养的鸡、猪、狗等也是与主人同居一室。云南哀牢山的苦聪人普遍养猪，白天野放，晚上常和主人同睡在窝棚内的火塘旁边，迁徙时则跟随主人爬山涉水。独龙族人过去习惯吃刚下崽的母猪，猪崽则用人奶喂饲，小猪因而经常和人住在一起，这也是人畜同居的遗俗。人畜同居的晚期形式是让牲畜栖息在干栏式房子的下层。这在云南许多少数民族中十分普遍。干栏式房屋分上下两层，上层住人，下层豢畜并放置杂物，这是比上述高山族的洞穴和苦聪人的窝棚晚出的住房，因此这种人畜上下分居的方式可视为从人畜同居到人畜分居的过渡形态。它的进一步发展就是专用牲畜栏圈的出现。根据在怒族、独龙族等地的调查，牲畜的圈养以猪为早。最初的猪圈据说是为母猪下崽而设置的。这些猪圈一般搭在住宅旁边。清代台湾"平埔"地区的高山族也有把猪圈盖在屋檐下的。如《续修台湾府志·番社风俗》记载彰化县高山族盖房时，"填土为基方丈，雨阳不得侵。其下可舂、可炊、可坐、可卧，以贮笨车网罟，鸡埘豕栏"。这些鸡埘豕栏单独设在住房之外，不同于人畜同居，已是专门饲养牲畜的栏圈。牲畜的圈养和人工喂饲是有关系的。它们是舍饲方式的两个要素。人们最早人工喂饲的牲畜仍然是猪。早在人畜同居阶段，猪日放夜归，在早晚野放前和回来后，主人往往给猪喂些泔水、野菜之类。在母猪下崽前后和年节以前催肥时，更要增加一些饲料。如苦聪人养猪除野放外，也常常实行人工喂饲，饲料有野生的块根和叶菜及一些谷物。至于牛羊，在栏圈出现后的一段时间里，一般仍不进行人工喂饲。如怒族、傈僳族即是这样，只有牛在耕作时才喂些食盐。总之，畜圈的出现为人工喂饲创造了方便的条件，从而促进了舍饲这种不同于野放的畜牧生产方式的产生。从我国上述少数民族解放前的情况看，舍饲正处于萌芽状态中。

总之，李根蟠、卢勋先生主要根据民族学的材料，为我们勾画出原始畜牧业产生和发展的轮廓，这是比较合乎历史实际的，对原始畜牧业起源问题的探讨作出了积极的贡献[36]。

（二）农作物的驯化和栽培

在采集经济时代，原始人靠采集野生植物的芽叶、果实或地下根茎为生，大约在旧石器时代末期，人们逐渐掌握了这些可食用的野生植物的生长规律，在人口增加、气候变化和生态环境趋于恶化的情况下，开始模仿野生植物的生长过程，尝试种植，逐渐将野生植物变为栽培作物，成为真正的农作物，农业也就正式产生。它标志着一个新时代的诞生，这就是考古学上的新石器时代。

目前考古发现的农作物都是新石器时代的产物，主要是粮食作物，其次是瓜果蔬菜和其他经济作物。粮食作物多为炭化籽粒，瓜果蔬菜多为果核和籽粒，也有少量保存较完整的果实出土。这些出土物多数是栽培作物的遗存，为探索它们最早栽培的年代提供了直接证据，对研究作物的起源有着非常重要的价值。

1. 粮食作物

粮食在古代泛称为"五谷"，最早见于《论语·微子》："四体不勤，五谷不分，孰为夫子？"历来对"五谷"解释不一，如"黍稷菽麦稻"（《周礼·职方氏》郑玄注、《淮南子》高诱注）、"麻黍稷麦豆"（《周礼·天官·疾医》郑玄注）、"禾麻黍麦豆"（新莽始建国元年铜方斗五谷图）、"稻稷麦豆麻"（《楚辞·大招》王逸注）、"稻黍稷麦菽"（《孟子·滕文公上》赵岐注）等等。实际上，"五谷"只是几种主要粮食作物的泛称而已。根据考古发掘资料，可知新石器时代的人们已经种植了黍、稷、粟、麻、麦、豆、稻等粮食作物。大体上黄河流域以黍、稷、粟、麻、麦、豆等旱作物为主，长江流域以水稻为主。它们都有8000年以上的历史。

稻

水稻是从普通野生稻驯化而成的，而野生稻只生长在长江流域及其以南地区。目前考古发现的早期稻谷遗存大多数也是在这一地区。仅新石器时代的稻谷遗存，目前就已发现130多处，其中属于长江流域的有110多处，可见稻作的起源地应是"饭稻羹鱼"的"楚越之地"[37]。

20世纪上半叶，有关稻作遗存的考古材料，只有在河南省渑池县仰韶村发现的烧土上的稻谷印痕，由于地层不明确，其确切年代还有争议[38]。因而在稻作研究方面，未能引起重视。

直到解放以后，由于考古事业的发达，有关稻作遗存的发现才逐渐增多。50年代，在湖北京山屈家岭、武昌放鹰台、天门石家河，安徽肥东大陈墩，江苏无锡施墩、无锡锡山、无锡仙蠡墩、南京庙山，浙江吴兴钱山漾、杭州水田畈等处，发现了距今四千多年的炭化稻谷、稻壳或稻谷印痕，开始引起农学家的注意，丁颖教授在论中国栽培稻种的起源和发展问题时就引用了其中的一些材料。60年代初期，在江西省修水县跑马岭、上海市青浦县崧泽、江苏省吴县草鞋山、湖北省郧县青龙泉和京山朱家嘴等遗址也发现了稻作遗存，其中崧泽、草鞋山等处的年代距今六千多年，远早于50年代的几处发现。可惜不久就发生了"文化大革命"，考古发掘工作陷于停顿，直到70年代才恢复，并且取得了突破性进展。

70年代初在浙江省余姚县河姆渡遗址和70年代末在浙江省桐乡县罗家角遗址都出土了大量炭化稻谷。在河姆渡遗址第四文化层的十几个探方四百多平方米范围内，普遍发现了稻谷和稻秆、稻叶，有的地方的堆积层厚达20～50厘米，经鉴定为中晚型水稻，籼稻约占60.32～74.59%，粳稻占20.59～39.68%，中间类型占3.6～4.41%（图一）。罗家角遗址六个

图一　新石器时代稻谷（浙江余姚河姆渡出土）

探方中的第三、第四文化层也发现很多稻谷遗存。其中两个探方出土的稻谷经鉴定，籼稻占 64.74～76.46％，粳稻占 35.26～23.54％，均以籼稻为主，粳稻较少，而且还有一些中间过渡类型，说明是一个杂合群体（图二）。经碳十四测定，河姆渡遗址第四文化层的年代为公元前 4780±90 年，罗家角遗址的年代为公元前 5190±45 年，距今已有 7000 年左右，在当时是世界上最早的稻谷遗存。由于时代早，数量大，而且还伴出大批骨耜等典型农具，显示出已有一定的农耕水平，说明其种植水稻的历史还应往前推移。因而许多学者认为浙江杭州湾附近的平原可能是水稻的起源地。联系草鞋山遗址第十文化层的灰坑中出土结成团块的炭化稻谷，籼稻约占 60％，粳稻约占 40％，而崧泽遗址出土的稻谷则以粳稻为主等现象来看，有随着时代的进展而粳稻的比重越来越大的趋势，这对研究籼粳分化的历史具有参考价值。

到了 80 年代，在长江中游发现了更早的稻谷遗存，从而

图二　新石器时代稻谷（浙江桐乡罗家角出土）

把我国稻作的历史又向前推移了一大步。1983年和1984年，在湖北省枝城市红花套镇城背溪进行了两次发掘，于陶片上发现了所夹稻秆和完整稻壳的痕迹，经鉴定属于粳稻，其年代为距今8500年至7500年[39]。1988年，在湖南省澧县大坪乡彭头山进行发掘，发现在陶器胎土中羼有大量稻壳和稻谷，发掘者认为其属于栽培稻，时代为距今8000年（图三）[40]。大约与此同时，1983年至1987年发掘河南省舞阳县贾湖遗址，在红烧土中发现了保存甚好具有鉴定特征的稻壳印痕，粳稻特征明显，其年代距今8000年左右，是迄今为止，淮河上游已发现的最早的稻谷遗存[41]。

进入90年代，稻作考古又有更大的进展。1993年和1995年，两次对湖南省澧县八十垱遗址进行发掘，发现了大量的炭化稻谷和已脱壳的米粒，其时代距今8000年。值得注意的是，堆积层中的一些陶片属于彭头山遗址最早期，年代极有可能逼近9000年[42]。

迄今为止，发现最早的稻作遗存有湖南省道县玉蟾岩、江西省万年县仙人洞及广东省英德市牛栏洞等三处洞穴遗址。

1993年在湖南省道县寿雁镇白石寨玉蟾岩发掘的三个层位均有稻属硅酸体，并出土一颗稻谷粒（具有野生稻特征，但具有人工初期干预痕迹）。1995年又在文化胶结堆积的层面上再次发现水稻谷壳。此水稻谷壳的栽培化特征明显，近于现代籼稻类型，但兼备野、籼、粳特征，是一种由野生稻向栽培稻演化的古栽培稻类型[43]。玉蟾岩遗址的年代经北京大学对出土稻谷同层位标本的碳十四测定为距今15000年至14000年。考虑到石灰岩溶洞地区碳十四测年偏早的因素，距今10000年应没问题[44]。仙人洞遗址的稻谷遗存则是从文化层泥土中检测出的水稻植硅石，经分析，可以看出12000年前的水稻植硅石属于野生稻，10000年至9000年前的水稻植硅石属于野生稻向栽培稻过渡的形态，7500年以后则完全是栽培稻[45]。也就是说，在仙人洞地区，栽培稻是出现于新石器时代初期，距今大约10000年至9000年之间。1996年在广东省英德市牛栏洞遗址的第二、三期文化层中发现了水稻植硅石，属于非籼非

图三　新石器时代稻谷（湖南澧县彭头山出土）

粳类型，年代距今 11000 年至 8000 年之间（图四）[46]。

这三处发现表明早在 1 万年以前，原始居民就已经开始驯化栽培水稻，这是目前已发现的世界上最早的稻谷遗存。再次雄辩地证明中国是世界水稻起源地之一。同时也表明，史前稻作遗存的一系列发现，是 20 世纪中国农业考古研究中的最重大的成就。

粟

粟是从狗尾草驯化而成的，属于禾本科的一年生草本作物，喜温暖，耐旱，对土壤要求不严，适应性强，可春播和夏播，因此特别适合在我国黄河流域种植。粟去壳称作小米，含有 10% ～14% 的蛋白质，高于大米、玉米和高粱，含有 2% 左右的脂肪，高出大米三倍，还含有丰富的维生素，营养价值很高，长期以来一直是北方人民的主粮。粟原产于中国北方，在河南、河北、山东、山西、陕西、辽宁、黑龙江、甘肃、青海、新疆等省区的新石器时代遗址中，先后发现炭化粟粒、粟壳或粟的谷灰达 40 多处[47]。说明早在原始时代，粟就已成为主要的粮食。

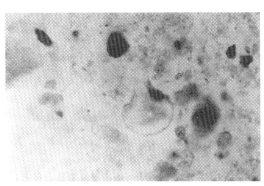

图四　新石器时代水稻植硅石（广东英德牛栏洞出土）

最早发现的粟遗存是 20 世纪 30 年代在山西省万荣县荆村瓦渣斜遗址出土的粟壳，其时代为仰韶文化至龙山文化时期。这一发现当时曾引起国外学术界的注意[48]。40 年代，陕西省宝鸡市斗鸡台遗址和辽宁省赤峰县蜘蛛山也发现了新石器时代的粟粒[49]。50 年代在陕西省华县泉护村和西安半坡村以及甘肃永靖大何庄、兰州白道沟坪，相继发现了粟遗存，其中以半坡的发现较为重要[50]。

在半坡遗址的房屋、窖穴和墓葬中都发现了很多粟遗存。F37 出土的陶缸中有腐朽的粟粒壳；F2 门道口有一个双耳大瓮，内有腐朽灰白色谷物粉末；T8 出土的贮藏罐藏有保存完好的粟粒；M152 压在女性儿童左脚上的 5 号和 6 号钵也装有粟粒，两钵的内壁还粘附许多粟壳；F88 内东北角有一个小窖穴，深不到 1 米，底径约 1 米，内有粟粒朽灰堆积，显系一贮藏粟米的粮窖；H115 内亦堆积厚达 18 厘米的谷物朽灰，谷灰呈灰白色的半透明状，应亦为粟遗存。粟不但发现于房屋、窖穴，还发现于墓葬中，成为女孩的随葬品，可见粟在半坡人的生活中占有重要地位。半坡遗址经碳十四测定年代为公元前 4800 年至前 4300 年。在 50 年代，这是年代最早的一处发现，它证明粟的栽培史可达六千多年（图五）[51]。

60 年代，在陕西省邠县下孟村、河南省洛阳市王湾和甘肃省临夏市马家湾等地也发现了粟遗存[52]，但其年代没有突破。真正有重大突破的是在 70 年代。

1976 年至 1978 年，在河北省武安县磁山遗址 2579 平方米的面积上发掘出大量灰坑、房址和一些壕沟，发现一批制作规整的农具和粮食作物。这些发现向人们展示了华北新石器时代较早时期的农耕水平。磁山遗址共发现 476 个灰坑，其中

图五 新石器时代储放粟的陶罐（陕西西安半坡出土）

88个灰坑存有粮食。灰坑一般呈长方形，长1～1.5米，宽
0.5～0.8米，深1～5米不等。口、底大小基本相同，少数底
略大于口。坑壁垂直，有些坑壁面上留有木末痕迹。腐朽的粮
食均堆积在窖穴近底部，十分疏松。有些窖穴底部的粮食堆积
中有完整的陶盂，可能是装粮食的容器。还有一些窖穴，在粮
食堆积的底部整齐地摆放着猪、狗等家畜，可能是存放粮食时
为举行某种宗教仪式而放入的。还有些窖穴上半部堆积层下常
有一层黄色硬土，它与底部粮食堆积之间常有高0.5～0.6米
的空隙，这是因粮食腐烂下沉体积缩小而形成的。空隙之上，
由于这一层硬结的黄土而使上部堆积未塌落。可见，这些窖穴
当年存放粮食之后是用黄土封实盖住的，以后一直未曾动用
过。这些腐朽粮食出土时略为潮湿，颜色显绿，风干后呈灰白
色，大部分已成粉末状，质轻疏松。粉灰之中，可以看到清晰
的外壳，颗粒完整，外部形态圆隆饱满，直径约2毫米，与现

代粟粒基本相同。磁山遗址出土的粮食堆积数量之多是极为罕见的，有人曾根据88个窖穴粮食堆积的体积进行测算，推测其可能达到5万斤以上[53]。尽管这一推测会有误差，但无论如何，磁山遗址出土如此之多的粮食，使得人们对原始农业的生产力水平不得不刮目相看。磁山遗址经碳十四年代测定，为公元前5405±100年和公元前5285±105年。树轮校正后为公元前6005年至前5948年，比半坡遗址早1000多年。这样就把粟的栽培历史推到8000年前，从而有力证明我国是世界上最早种植粟的国家。

同一时期在河南省的裴李岗文化遗址中也发现了年代相近的粟遗存。裴李岗文化是以河南省新郑县裴李岗遗址为代表的早于仰韶文化而与磁山文化相当的一种文化遗存，主要分布在河南省境内。出土的农业工具有类似磁山文化的石磨盘、石磨棒、石铲和石镰等，且制作得更为工整。虽然70年代发掘裴李岗遗址时没有直接发现粮食遗存，但后来在发现属于裴李岗文化的新郑县沙窝李遗址以及再次发掘裴李岗遗址时，都发现了粟遗存。说明裴李岗文化时期的主要粮食作物也是粟。沙窝李遗址在第二文化层距地表0.5米深处，发现一片比较密集的粟的炭化颗粒，面积约0.8~1.5平方米。沙窝李遗址经碳十四测定，年代为距今5220±105年（未经树轮校正），可见河南省种植粟的历史也可推到7000多年前[54]。

以上发现多数在黄河中上游地区，似乎表明粟的起源地应该就在这一带。大约经过千年左右的发展，粟的种植已经扩展到黄河下游。七八十年代，在山东省胶县三里河、莱阳县于家店、栖霞县杨家圈、广饶县傅家以及滕县北辛等遗址，都发现了距今五六千年的粟遗存。在胶县三里河遗址的一座1.4米深的窖穴内出土了体积达 1 立方米多的粟遗存（只剩下粟壳）。
这座窖穴占据了屋内将近 1／2 的面积，因此，这座房屋可能
是当时的一座库房[55]。三里河遗址属于大汶口文化晚期，距
今 4800 至 4200 年。而滕县北辛遗址的年代距今约 7000 年左
右。可见黄河下游种植粟的历史也经过漫长的岁月。

　　大约到了商周时代，粟的种植已经传播到遥远的南方，如
云南省剑川县海门口，出土了公元前 1150 年的成把粟穗。甚
至连海峡对岸的台湾也有粟出土。如台湾省台南市牛稠子头、
台中县清水镇牛骂头遗址也发现了距今 3000 年左右的粟粒和
粟秆的压痕[56]。商周以后，粟在中原大地的种植已经很普遍，
战国至汉代的文献中经常记载粟是主要粮食，如"粟菽多而民
足乎食"（《墨子·尚贤》），西汉的农书《氾胜之书》就将粟列
为五谷之首。因此在江苏、湖北、湖南、广西等地的西汉墓中
都发现用粟随葬，可见长江流域各地也种植粟。河南省洛阳市
含嘉仓的发掘证明，粟在粮食作物中的首席地位一直保持到唐
代。考古工作者在含嘉仓城中探出 259 座大型粮窖，仅第 160
窖中就保存有约 25 万斤炭化粟粒，它们绝大部分仍保持颗粒
状，由此可见隋唐时期粟的种植已达到非常发达的程度了。宋
代以后，粟的"五谷之首"地位才被水稻所取代。

　　黍、稷

　　黍、稷均为禾本科一年生草本作物，生育期短，喜温暖，
不耐霜，抗旱力极强，因此特别适合在我国北方尤其是西北地
区种植。商周时期黍、稷是北方居民的主要粮食作物，甲骨文
和《诗经》中黍的出现次数最多，远远超过粟。黍、稷本是同
种作物，农学界一般将圆锥花序较密，主穗轴弯生，穗的分枝
向一侧倾斜，秆上有毛，子实黏性者称为黍；将圆锥花序较

疏，主穗轴直立，穗分枝向四面散开，秆上无毛，子实不黏者称为稷。至于先秦古籍中的稷是指黍还是指粟，学术界一直有争论。本书介绍的出土实物是农学界所称的黍、稷，而不是粟，出土的粟已在前面介绍过了。

相对于粟来说，出土的黍、稷要少得多。目前见诸报道的新石器时代的黍、稷遗存只有十几处。实际上恐怕不止这些，除了有的发现尚未报道外，可能过去有些发现未经科学鉴定，往往分不清黍和粟的区别，而以粟的名称报道，因而过去考古报告中的粟，如果未经科学鉴定，其中有的可能就是黍、稷。目前经过科学鉴定而年代最早的要算甘肃省秦安县大地湾遗址一期文化层中出土的炭化黍粒（经甘肃师范大学植物研究所鉴定，确认其为黍，也有人认为是稷）[57]。经碳十四测定，其年代为公元前 5850 年，可见黍在中国的栽培也有近 8000 年的历史了，与粟一样古老，它为黍起源于中国的假说提供了有力的证据。此外在黑龙江、吉林、辽宁、山西、陕西、青海、新疆等省区也发现了五六千年前的黍、稷遗存。其中辽宁省沈阳市新乐遗址出土的黍粒，年代为公元前 5300 年至公元前 4800 年。山东省长岛县北庄遗址出土的黍壳，年代为公元前 3500 年。陕西省临潼县姜寨遗址出土的黍壳和朽灰，年代为距今5500 年至 5000 年（图六）。甘肃省东乡县林家遗址，在 F20 出土的陶罐里发现了和粟粒、大麻籽装在一起的稷粒；在 H19 和 H21 发现了带有细长芒的稷穗捆扎成束堆放在一起，堆积面积达 1.8 立方米。从出土的情况观察，当时是用锋利的石刀或骨刀将带小穗的花序割下来，再精心地将稷秆分别扎成小把，待晒干后整齐地堆放在窖穴之中，可能是为第二年播种准备的种子，由此可见当时的农业生产水平已大有提高。林家遗

图六　新石器时代黍粒（陕西临潼姜寨出土）

址属于马家窑文化，距今 5000 年左右。可见至少到了 5000 年前，黍、稷已为北方各地所种植，成为当时的主粮之一[58]。

迄今为止，在长江流域的新石器时代遗址中尚未发现过黍、稷遗存，可能因它不适于在潮湿多雨而又炎热的南方种植，故不受南方人民的重视。只是在江苏、湖南和广东的一些汉墓中出土了一些黍粒和稷粒（多为空壳）。但是它们可能是从北方运来的粮食，不一定就是南方的产物，这也许和墓主人的身分、籍贯与喜好有关。

麦

多年来，国内外学术界多主张小麦起源于西亚，中国的小麦也是从西方传入的。日本的学者甚至认为中国的小麦可能是张骞通西域之后才传入的[59]。但随着近年来考古新发现的增多，国内也有学者主张中国的小麦是独立起源的[60]。

　　解放前曾在山西省保德县王家湾史前遗址出土的陶片上发现印有某种类似麦粒和芒的痕迹，因缺乏科学的记录，未引起重视[61]。解放后最受人注意的考古发现是1955年安徽省亳县钓鱼台遗址出土的炭化麦粒。出土时，麦粒装在一个陶鬲中，呈青黑色，颗粒完整，共重900克左右。麦粒粗短没有稃，腹沟向两旁伸展，经小麦专家金善宝教授和南京农学院植物教研组鉴定为小麦栽培种。它比当地种植的现代小麦的籽粒略小，每粒平均长3.89毫米，宽2.68毫米（现代小麦平均长5.49毫米，宽2.9毫米）。这一发现曾当作中国新石器时代已经种植小麦的实物证据而引起国内外的重视。但是考古学家杨建芳先生著文指出，该遗址在地层上应有早晚之分，出土陶鬲的地层与龙山文化地层不属同一时期，盛麦的陶鬲也不是龙山文化的器形，而是西周时代的器形[62]。这样，小麦的时代最多只能定为西周。即使如此，这一发现对研究黄淮流域小麦种植的历史仍然有重要价值，对小麦是张骞通西域以后才传入中国的说法是一个有力的冲击。

　　此后，在60年代初，新疆巴里坤县石人子乡新石器时代遗址出土了颗粒完好的炭化小麦粒，不过其绝对年代却不超过距今3000年。1979年，在新疆塔里木盆地东端的罗布泊西北约70公里的孔雀河下游北岸的古墓中，出土了一批小麦粒。经四川农学院农学系鉴定为普通小麦和圆锥小麦，其年代为距今4000年左右(图七)。与之相比，巴里坤县石人子乡的麦粒稍大，比较饱满。说明经过1000年左右的栽培，新疆的小麦品种已有明显的进化。1986年，在新疆哈密市五堡乡克孜尔确卡古墓中发现了大麦植株和穗子。与现在哈密地区普遍种植的大麦品种相比较，它们除穗

图七 新石器时代小麦(新疆孔雀河古墓沟出土)

子较短外,其他特征基本相似,说明有很近的亲缘关系,经碳十四测定,年代为距今 3200 年左右。这对于研究大麦的起源、传播和品种的演变,都是难得的实物资料,并且由此还可看出新疆地区在我国麦类作物栽培史上占有重要的地位[63]。

到了 80 年代,有关麦的研究才有较大突破。中国科学院遗传研究所李璠教授于 1985 年和 1986 年两次在甘肃省民乐县六霸乡东灰山新石器时代遗址中,发现了大麦、小麦、高粱、粟、稷等五种炭化籽粒。其中采集到的数百粒小麦籽粒,可分为大粒型、普通型和小粒型三种。大粒型平均粒长 5.7 毫米,宽 3.75 毫米,厚与宽接近,形状为椭圆形或卵圆形,胚部与腹沟都清晰可辨,籽粒尾端圆;普通型平均长 4.9 毫米,宽 3.35 毫米,厚接近于宽,籽粒形状为短圆形或卵圆形,籽粒

尾端圆，胚部与腹沟清楚；小粒型平均粒长 4.05 毫米，宽
2.95 毫米，厚与宽接近，籽粒形状为短圆形或卵圆形，胚部
与腹沟清楚可辨。这些麦粒均与普通栽培小麦粒形十分相似，
属于普通小麦种（Triticum aestiuum）。可以看出它们当时是混
合生长在一起的，植株有高有矮，穗头有大有小，很不整齐，
是一种粗放耕作的原始种植业。出土的大麦粒呈纺锤形，两头
尖，胚部与腹沟都很清楚，绝大多数为裸粒，平均粒长为
5.21 毫米，宽 3 毫米，厚与宽接近。它们与现代西北地区种
植的青稞大麦形状十分相似，属于栽培型的青稞麦（Hordeum
vulgare uar.nuda）。此外还可能有少数皮大麦和黑麦籽粒[64]。
东灰山遗址的年代经碳十四测定为距今 5000 年左右，这样就
解决了我国新石器时代是否种植小麦的长期争论，把我国小麦
种植的历史推到 5000 年前，是我国近年来农业考古的一个重
大收获（图八）。

　　小麦的种植到商周时期有了进一步发展，甲骨文已有麦、
来等字，并有"来麦"、"受麦"、"呼麦"、"告麦"、"田麦"、

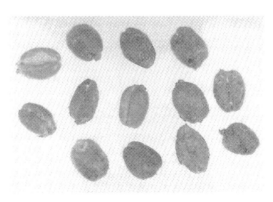

图八　新石器时代小麦（甘肃民乐东灰山出土）

"登麦"、"食麦"等卜辞，可见当时中原地区对麦的种植是很重视的。《诗经》中麦字出现九次，仅次于黍、稷。《战国策·东周策》："今其民皆种麦，无他种"。《汉书·食货志》载董仲舒向汉武帝建议推广小麦的种植，说："圣人于五谷最重麦与禾也。"各地西汉墓中经常有小麦出土。对于"五谷"一词，历来众说纷纭，但不管汉儒的注释如何矛盾，其中必定有麦。故宫博物院藏有一件新莽始建国元年铜方斗，上面刻有五种嘉谷图，其中就有"嘉麦"，足以证明至迟到了西汉，麦已成为人们不可缺少的重要粮食。

高粱

高粱为禾本科一年生草本作物。高粱秆直立，叶片似玉米，厚而较窄，穗形有扫帚状和锤状两类，颖果呈褐、橙、白或淡黄色；种子为卵圆形，微扁，质黏或不黏；性喜温暖，抗旱，耐涝，我国南北均有种植，以东北各地种植最多。农学界多认为高粱原产于非洲中部，而我国文献记载直到晋代才有"蜀黍"一名[65]，唐代才有高粱的名称。据陆德明《尔雅释文》载："按蜀黍，一名高粱，一名蜀秫。以种来自蜀，形类黍，故有诸名。"因此，过去很多学者都认为我国的高粱是魏晋时期才从国外引进的。但是，解放后在辽宁辽阳三道壕、陕西西安市郊、河南洛阳烧沟等地西汉村落、墓葬中发现了高粱籽粒，在河北石家庄市庄村发现了战国时期的高粱。1957 年还在江苏省新沂县三里墩遗址发现了西周时期的炭化高粱秸秆和叶片，标本是经过南京农学院农学系鉴定的。于是人们又到文献中查找汉代以前是否有高粱的其他名称。有的学者认为古文献中的"粱"、"膏粱"、"秫"、"粱秫"等都是指高粱[66]，有的则认为"粱"指的是一种品质优良的粟类作物[67]。至今没有统一的结论。这个问题有待农史学家继续研究，考古学家们更关心的是地下实物。

早在 20 世纪 30 年代，在山西省万荣县荆村的新石器时代遗址中曾发现过高粱，因是孤证，人们总是有所保留。而 50 年代的一系列发现的时代均在战国以后。中国新石器时代是否已经种植高粱，学术界始终持怀疑态度。70 年代在河南省郑州市大河村第三期房子中出土了一瓮仰韶文化时期的炭化粮食，经李璠教授通过对其外表形态观察判断，认为是高粱米[68]。但是后来黄其煦先生对标本用灰像法进行观察，并未发现高粱的灰像，因此认为大河村的材料是靠不住的[69]。这样一来，不但对大河村的高粱予以否定，而且也对荆村高粱的可靠性和科学价值带来不利的影响。

这种情况直到 80 年代才出现转机。1980 年初，在陕西省长武县碾子坡遗址的先周文化层中发现了 3000 年前的炭化高粱，经中国科学院植物研究所鉴定为未去皮的高粱籽粒。这样就把高粱种植的历史大大推前了一步。更为珍贵的是前述李璠教授等人 1985 年和 1986 年在甘肃省民乐县东灰山发现的5000 年前的炭化高粱，其形状和现代高粱相同，接近球形。以 20 粒平均数计，粒长 3.8 毫米，宽 3.2 毫米，厚与宽同。炭化籽粒中有一些破损，有一些胚部可鉴，比较完整，经鉴定是中国高粱较古老的原始种（图九）。这两处重要发现再次填补了中国农业考古上长期留存的空白，使人们对过去荆村的发现给以重新评价，也使主张中国高粱独立起源论的学者信心倍增。当然，要解决中国高粱起源于何时何处的问题，目前还为时尚早。但中国种植高粱的历史可以早到 5000 年前的新石器时代，看来是难以否定的。

图九　新石器时代高粱（甘肃民乐东灰山出土）

高粱的种植到了汉代有较大的发展，这从辽宁、内蒙古、陕西、山西、河南、江苏和广东的汉墓中都有高粱随葬可以得到证明。河南省洛阳市烧沟汉墓出土的陶仓上经常书写"麦万石"、"粱万石"、"豆万石"之类文字，这显然表明地主阶级对财富的贪婪占有欲，死后还幻想挥霍大量粮食。但有意思的是，将写有"粱万石"陶仓里的谷物送到河北农学院鉴定，竟发现是高粱[70]。可见，汉代文献中的"粱"有可能是指高粱。于是，本来应该由农史学家们去解决的高粱名实之争，由于考古资料的发现，却使考古学家身不由己地卷了进来。

豆

大豆古代叫菽。《诗经》中就有"中原有菽，庶民采之"的诗句。汉儒在解释"五谷"时，或说"黍稷菽麦稻"（《周礼·职方氏》郑玄注），或说"麻黍稷麦豆"（《周礼·天官·宰下》郑玄注），或说"稻稷麦豆麻"（《楚辞》王逸注），都有大豆在内。前面提到的新莽始建国元年铜方斗上的五种嘉谷图中

就有"嘉豆"。战国时期的文献更是经常"菽粟"并提，《战国
策·韩策》："民之所食，大抵豆饭藿羹。"都证明大豆在古代确
实是主要粮食之一。

大豆原产于我国北方，是从野生大豆驯化而来的，山东省
滕州就出土过 4000 年前的野大豆粒。80 年代在陕西省扶风县
案板出土的已经钙化的"豆类颗粒"，距今 4000 多年。其次是
五六十年代在东北的发现。如黑龙江省宁安县大牡丹屯和牛场
遗址以及吉林省永吉县乌拉街遗址都出土过大豆，其年代距今
3000 年左右。稍晚些的是吉林省永吉县大海猛遗址出土的大
豆，经碳十四测定，年代为距今 2590 ± 70 年，相当于中原的
春秋时期。在山西省侯马市也出土过战国时期的大豆，出土时
大豆还呈淡黄色，其外形和现在栽培的大豆很相近[71]。

大豆在汉代，已经被普遍种植，西汉农书《氾胜之书》专门记
载了大豆的栽培技术，并认为"大豆保岁易为,宜古之所以备凶
年也"。书中提倡每人要种五亩大豆,"谨计家口数种大豆,率人
五亩,此田之本也"。还指出利用区种法种植大豆,亩产可达 16
石(约等于今天亩产 396.5 斤),产量是很高的[72]。各地的汉墓
中也经常出土豆类实物,如河南洛阳烧沟、湖南长沙马王堆、广
西贵县罗泊湾的西汉墓中出土过大豆,湖北江陵西汉墓中出土
过黑豆,甘肃敦煌马圈湾汉墓中出土过豌豆[73]。

麻

大麻为桑科一年生草本作物，系雌雄异株植物。雄麻古称
为枲，纤维细柔，可作为纺织原料。雌麻古称为苴，籽粒可以
食用，古代曾列为五谷之一。甘肃省东乡县林家遗址曾出土过
新石器时代的大麻籽，说明作为食用的大麻种植历史至少有
5000 年以上[74]。河北藁城台西商代遗址出土过大麻籽粒，河

南洛阳烧沟、湖南长沙马王堆等西汉墓中，也出土了麻籽，说明大麻直到汉代还经常被当做粮食。难怪汉代郑玄在注《周礼·天官·宰下》"五谷"时认为是"麻黍稷麦豆"，竟把麻放在第一位。不过，汉代以后作为粮食用的麻籽逐渐退出五谷行列，汉以后的墓葬或遗址中也就很少发现有麻籽遗存。

莲藕、菱芡、栗子

湖南省临澧县胡家屋场遗址及澧县八十垱遗址出土了莲子、菱角和芡实，其年代距今 8000 多年；河南省郑州市大河村新石器时代遗址出土过莲子；江苏省吴县草鞋山和浙江省余姚市河姆渡、嘉兴市马家浜、吴兴钱山漾等新石器时代遗址出土了菱角；江苏省海安县青墩新石器时代遗址出土过芡实。这说明原始居民也利用水生植物的果实充饥。不过当时可能是采集野生的莲藕、莲子和菱芡，是否已经人工种植尚难断定。此外，陕西省西安市半坡遗址出土过许多炭化栗壳，表明 6000 多年前人们也采集野生的栗子作为食物。《诗经》中已经提到藕、栗，可能在商周时期已有人工种植。考古发现中多数为战国以后的实物。如湖北省荆门市包山、江陵市望山，河南省信阳市长台关，湖南省临澧县九里墩等地的战国墓中出土过板栗实物和莲子。湖南省长沙市马王堆西汉墓和贵州省兴义县的汉墓都出土过藕片和莲蓬。湖北省荆门市包山、江陵雨台山战国墓和湖南长沙的马王堆、贵州兴市的汉墓中也出土了菱角[75]。

2.蔬菜瓜果

我国蔬菜瓜果的种植历史，文献上只能追溯到商周时期，当时已经产生了专门种植蔬菜瓜果的园圃业。如甲骨文中已有"圃"字，《诗经·豳风·七月》："九月筑场圃。"《毛传》："春夏为圃，秋冬为场。"《诗经》中涉及的蔬菜有韭、葵、瓜、瓠、菽、葑、菲、芹、笋、藕、荠等十几种，涉及的果树有桃、李、杏、梅、枣、栗、郁李、蒇、棠、柚等十几种。但从考古发现来看，其历史则要早得多，可以追溯到史前时期。

相对于粮食作物来说，蔬菜瓜果的遗存发现较少，特别是蔬菜，叶茎难以保存，只有少量菜籽出土，瓜果多数只保存果核。

蔬菜

目前发现的新石器时代的蔬菜遗存只有油菜、白菜或芥菜、莲子、菱芡和葫芦等。50年代在陕西省西安市半坡村仰韶文化遗址的一座房子里曾发现一件小陶罐，口很小，内盛炭化了的菜籽，经鉴定属于白菜或芥菜的种子。菜籽装在不易取出的小陶罐里，显然不是为了食用，而是供来年种植的种子[76]。可见我国人工种植蔬菜的历史已经有6000多年。80年代初，在甘肃省秦安县大地湾遗址发现了油菜籽，大地湾遗址的年代为公元前5850年，又把我国蔬菜的种植历史推前了1000多年[77]。

50年代，浙江省吴兴县钱山漾遗址曾出土过"西瓜籽"，后来鉴定为葫芦籽；70年代，浙江省余姚市河姆渡、桐乡县罗家角遗址出土过葫芦籽和皮；80年代，江苏省吴江县龙南遗址出土过葫芦籽。说明葫芦的种植历史应该可以早到新石器时代，至少在7000年前已成为原始居民的主要蔬菜之一。江西省九江市神墩遗址出土过商代的葫芦壳，湖北省当阳县金家山和河南省信阳县长台关的春秋战国墓中出土过葫芦籽，湖北省江陵县、广西贵县罗泊湾、江苏省连云港等地的西汉墓中都出土过葫芦遗存。

此外，湖北省江陵县望山战国墓出土过生姜，江陵县凤凰山西汉墓出土过干菜，山东省临沂县金雀山西汉墓出土过菜叶（可能是芹菜），湖南省长沙市马王堆西汉墓出土过芥菜籽、冬葵籽、生姜、芋、笋、花椒等，广西贵县罗泊湾西汉墓也出土过姜、芋、花椒等，山西省平陆县汉墓出土过白菜籽和可能是葱的种子，江苏省邗江县甘泉西汉墓出土过菠菜和蕹菜籽，新疆民丰发现汉代的萝卜和蔓菁实物，陕西省韩城县姚庄坡的东汉墓里发现了薄荷[78]。

瓜果

从考古资料看，我国史前时期采集或栽培的瓜类主要是甜瓜，水果主要有被《礼记》称为"五果"的桃、李、梅、杏、枣等。

瓜

瓜是古代的主要水果之一，因其味道甘甜，食用方便，且生长期短，容易栽培，故各地都有种植。《诗经》中也有描写种瓜的诗句。50年代，浙江省吴兴县钱山漾遗址曾出土过"芝麻"，后来被认为是甜瓜籽。80年代，江苏省吴江县龙南遗址也出土了甜瓜籽。说明甜瓜的种植至少是始于4000多年前的新石器时代晚期[79]。

桃

桃的原产地是中国黄河流域。早在新石器时代，人们就采食野生的桃子。河南省新郑县峨沟北岗遗址、江苏省海安县青墩遗址、广西钦州县独料遗址、浙江省杭州市水田畈遗址和吴兴县钱山漾遗址都出土过新石器时代的桃核。至迟在夏商时期人们已经开始人工种植桃树。《夏小正·六月》就有"煮桃"的记载，夏纬瑛先生考证此桃不是野生的山桃，而是家桃，"煮之以为桃脯"。河北省藁城县台西商代遗址出土了二枚外形完整的桃核和六枚桃仁。桃核呈椭圆形，较扁，核的表面有皱纹和沟纹，顶端尖，基部扁圆，中央有果柄脱落后的疤痕。桃仁灰白色，呈椭圆形或长卵形，长 10～15 毫米，宽 8～13 毫米，横断面呈扁圆形。种皮薄，破碎后现出黄白色种仁。经鉴定，与今天的栽培种完全相同。可作为《夏小正》记载中所煮的桃是家桃的旁证。到了西周，桃树的种植就很普遍了。《诗经·周南·桃夭》："桃之夭夭，灼灼其华。"《诗经·魏风·园有桃》："园有桃，其实之殽。"说明当时已将桃树种植在果园里了。桃和李、梅、杏、枣被《礼记》同列为祭祀的"五果"，因而也被作为随葬品，各地的战国和汉墓中经常发现桃核[80]。

李

李与桃都是我国古代主要的果树，历来桃李并称，如《诗经·大雅》中的"投之以桃，报之以李"。李树有可能和桃树一起在史前即已人工种植，但是目前尚未发现史前的李子遗存。《诗经·王风·丘中有麻》在提到"丘中有麻"、"丘中有麦"之后，又唱道："丘中有李，彼留之子？"既然是与麻麦等作物同在丘中，当是人工种植的李树。可见李树的历史至少可上溯到商周时期。目前仅在河北省藁城县台西商代墓葬中出土过郁李仁。发现较多的是战国时期的李核。如湖北省荆门县包山、江陵县秦家嘴，四川省昭化县船棺葬等战国墓中都出土过李核。此外四川成都凤凰山、湖北光化、广西贵县罗泊湾、江苏连云港及铜山、龟山等地的西汉墓中也出土过李核，反映西汉时期李树的种植范围已逐步扩大[81]。司马相如的《上林赋》中提到"上林苑"御花园中的李树就有 15 个品种，如紫李、绿李、朱李、黄李、青绮李、青房李、同心李、车下李、含枝李、金枝李、颜渊李、羌李、燕李、蛮李、猴李，说明西汉时期李树的培育已经很有成就。

梅

我国是梅树的起源中心。河南省新郑县裴李岗遗址出土了梅核，可见早在七八千年前人们就已采食梅子充饥。至少在夏商之际已开始人工种植。《夏小正·正月》即提到梅树开花。河南省安阳市殷墟出土的一件铜鼎中，装满了炭化的梅核。梅核呈扁圆形，两端尖，长约 10 毫米，宽 7 毫米，厚 5.5 毫米，表面遍布蜂窝状凹点和沟纹，经鉴定与栽培的梅核相似[82]。到了周秦时期，梅树的种植更为普遍。《诗经》中经常歌咏梅树，如"终南何有？有条有梅"（《秦风·终南》）、"墓门有梅，有鸮萃止"（《陈风·墓门》）、"鸤鸠在桑，其子在梅（《曹风·鸤鸠》)"。表明在今天的陕西、河南、山东等地都遍植梅树。从四川省荣经县曾家沟和湖北省江陵县的战国墓中出土的梅核，亦可推测当时长江流域广泛分布有梅树。到了西汉，梅树的种植就更为普遍了。湖南省长沙市马王堆、江苏省邗江县胡场、广西贵县罗泊湾、广东省广州市皇帝岗等地的西汉墓中都出土了梅核[83]。特别是在马王堆汉墓的许多陶罐里都发现了保存完好的梅核和梅干，部分果核还残留着厚厚的黑褐色果肉。果核坚硬，长 16～18 毫米，宽 12～18 毫米，厚 12～14 毫米，表面有蜂窝状凹点和沟纹，种仁褐色，外形完整。同时墓中出土的竹简上还记有梅、脯梅和元梅等名词。脯梅和元梅都是用梅果制成的加工果品，可见当时长江流域不但盛栽梅树，而且已经掌握梅果的加工技术，并精制成许多食品了[84]。

杏

杏的栽培历史同样古老，至少在夏代就已开始种植。《夏小正·正月》提到杏树开花。《夏小正·四月》则记载"囿有见杏"。囿是围有土墙的园圃，可见是人工种植的杏树。战国时杏的种植更为普遍。《管子》说："五沃之土，其木宜杏。"《山海经》载："灵山之下，其木多杏。"到了汉代，中原地区遍植杏树，以至荒年赖以充饥："东北有牛山，其山多杏，至五月烂然黄茂。自中原丧乱，百姓饥饿，皆资此为命，人人充饱。"[85]汉墓中亦有用杏随葬的，如湖北省光化县和江陵县凤凰山、江苏省连云港和铜山县龟山以及仪征县胥浦等地的西汉墓中都出土过杏核[86]。

枣

枣树原产于中国。河南省陕县水泉和新郑县裴李岗以及沙窝李，浙江省余姚市河姆渡、杭州市水田畈和吴兴钱山漾等新石器时代遗址中都出土过野生的枣核或酸枣核，说明早在七八千年前人们就开始采食野生的枣子充饥[87]。商周时期，人们早已种植枣树。《诗经·魏风·园有桃》提到"园有棘，其实之食"。棘即是小枣。《诗经·豳风·七月》唱道："七月烹葵及菽，八月剥枣，十月获稻。"将枣与葵菜、大豆和稻谷相提并论，可见枣在人们日常生活中占有重要地位。到了战国，枣树的种植更为普遍。《战国策》记载："北有枣栗之利，民虽不由田作，枣栗之实足食于民矣。"湖南省临澧县九里墩和四川省昭化县的战国墓中就出土了枣核。各地的西汉墓中更是经常发现用枣子随葬，如山东省临沂县金雀山，湖南省长沙市马王堆，广东省广州市皇帝岗和象岗山，江苏省连云港和铜山县龟山、仪征县胥浦、邗江县胡场、扬州，湖北省云梦县睡虎地等西汉墓中都出土了枣核[88]。其中尤以马王堆汉墓最为突出，不但发现许多枣核，而且发现很多保存完好的枣果。枣果为矩圆形，长 1.5～2.5 厘米，直径为 1～1.8 厘米，果皮灰褐色，多已皱缩。出土的竹简上还记载"枣一笥"、"枣脯一笥"等字样[89]，可见已掌握将枣子精制为果脯的加工技术，使人不禁想起《史记·货殖列传》中"安邑千树枣，此其人与千户侯等"的记载，当时不但枣树种植规模大，而且已经是商品化生产了。

除了上述几种之外，考古发掘中还出土了一些其他果实遗存，不过时代大都未早过战国时期，如广东省高要县茅岗、河南省信阳市长台关、湖北省江陵县等战国墓出土的柿壳和马王堆汉墓出土的柿核；湖南省长沙市马王堆汉墓出土的梨子和香橙；广西钦州县独料新石器晚期遗址和广东省高要县茅岗战国墓、广州市皇帝岗西汉墓、广西贵县罗泊湾及风流岭西汉墓出土的橄榄核和乌榄核；广西合浦县堂排西汉墓出土的荔枝皮、核；广东省广州市皇帝岗及象岗山南越王墓出土的西汉的杨梅核；湖北省江陵县望山战国墓出土的苹果及其种子；新疆民丰县尼雅发现的东汉葡萄园遗址及新疆吐鲁番高昌时期的墓葬中出土的葡萄，等等[90]。

3. 麻、苎、葛、棉、蚕桑

作为纺织原料的纤维作物，主要有大麻、苎麻、葛和棉花等，此外人们也很早就开始利用蚕丝，其历史大部分可以上溯至新石器时代。

麻

作为雌雄异株植物的大麻，其中雌麻的籽粒可作为粮食食用。雄麻的纤维细柔，可作为纺织原料，早在史前时期就已被利用。目前以辽宁省北票市丰下遗址出土的麻布残迹为最早，距今4000年左右，出土时附在小孩骨架上，为黄色平纹麻布残迹，每平方厘米经纬线各10根[91]。新疆孔雀河下游古墓中也出土了4000年前的大麻纤维[92]。河北省藁城县台西商代遗址出土的商代麻布,属平纹组织的大麻纤维。在福建省崇安县武夷山商周崖墓中也发现大麻布,均为平纹组织,其中最大一块残长110厘米,宽12～26厘米,每平方厘米经纱 8 根,纬纱 12～14根。这些发现,与《诗经·王风》中"丘中有麻"、《诗经·陈风》中"东门之池,可以沤麻"等诗句相印证,说明商周时期大麻的种植较为普遍,已成为人们的主要衣着材料了[93]。

苎

苎麻为荨麻科多年生草本作物,雌雄同株,喜光和温暖湿润气候,耐旱,一年可收获二三次,自古以来为我国纺织原料之一。《诗经·陈风·东门之池》中有"可以沤纻"诗句,纻即苎麻,其种植历史当在周代以前。1958 年浙江省吴兴县钱山漾遗址出土过一些苎麻布和细苎麻绳,距今 4000 多年[94]。福建省武夷山船棺中发现了二块商周时期苎麻布,每平方厘米经纱20～25根、纬纱 15～15.5 根。陕西省扶风县杨家堡遗址发现了西周时期的苎麻布。安徽省舒城县凤凰嘴遗址出土了春秋中期的苎麻布残片。湖南省长沙市浏城桥和杨家湾遗址,江西省贵溪县崖墓,江苏省六合县和仁等地的春秋战国古墓中都出土过苎麻布[95]。

葛

葛是豆科纤维作物,成长于路边、草坡、疏林中,块根含淀粉,可食用,茎皮纤维可织葛布。葛本是野生植物,但早已被利用,江苏省吴县草鞋山遗址就出土过 6000 多年前的葛纤维纺织品残片[96]。很可能,史前先民已经有意识地保护利用它,从而成为半野生状态的纤维作物,商周以后就逐渐被培育成为栽培作物了。所以《诗经》中多次提到葛,如"葛屦五两"(《齐风·南山》)、"纠纠葛屦"、"葛之覃兮,施于中谷。维叶莫莫，是刈是获"（《周南·葛覃》）等。

棉

棉花为锦葵科一年生草本(简称草棉)或多年生灌木(简称木棉)。性喜温暖，适宜在砂壤土种植。棉花在古代叫作吉贝、白叠。《禹贡》："淮海唯扬州，岛夷卉服，厥篚织贝。"此织贝古人认为是织成贝纹的棉布。《南方异物志》："五色斑布……古贝（即吉贝）木所作……染之五色。"说明古代南方沿海岛屿早已种植木本棉花。《南史·列传六十九》："高昌国有草实如茧。茧中丝如细绰，名曰白叠子。国人取以为布。布甚软白，交市用焉。"可见西北地区也早已种植草本棉花。考古材料则表明中国种植木棉可早到商周。福建省崇安县武夷山船棺中曾发现一片棉布，时代距今 3000 年前后，经鉴定为平纹棉布，经纱宽约 0.5 毫米，纬纱亦宽约 0.5 毫米，每平方厘米密度经纱 14 根，纬纱 14 根[97]。这是我国最早的一块棉布。新疆汉唐墓葬中亦常有棉布制品出土，甚至还出土了棉花和棉籽(草棉)。大约在宋代以后，棉花在中原和江南地区种植甚多。庞元英《文昌杂录》："闽岭以南多木棉，土人竞植之，采其花为布，号吉贝布。"方勺《泊宅编》:也载"闽广多木棉。"浙江省兰溪县南宋中期墓葬中出土一件棉毯，全部是用棉线织成，经纬条干一致，两面拉毛均匀，具有细密厚暖等优点。可见浙江植棉业已有一定规模[98]。到了元代，棉花种植在长江中下游地区已很普及，元朝政府就"置浙东、江东、江西、湖广、福建木棉提举司"[99]。至明代，棉花已是"其种乃遍布天下，地无南北皆宜之，人无贫富皆赖之，其利丝帛盖百倍焉"[100]。江苏、江西等地出土的棉花、棉布都可作为实物例证[101]。

桑（附蚕）

在新石器时代，存在着大片野生桑林。史前先民在长期的采集活动中，也会采摘桑椹充饥，因而有可能发现桑树上野蚕所结的茧，从而逐渐注意将野蚕茧丝加以利用，继而有意识地保护、饲养野蚕，最后将它驯化成家蚕。《夏小正·三月》："摄桑委扬……妾子始蚕，执养宫事。"甲骨文已有蚕、桑、丝、帛等字，并且祭祀蚕神。西周已出现专门种植桑树的桑田（《诗经·定之方中》），面积以十亩计（《诗经·十亩之间》）。《诗经·豳风·七月》亦有"女执懿筐，遵彼微行，爰求柔桑"等诗句，反映了妇女采桑养蚕的生动情景。商周墓葬中常以玉蚕随葬，出土的一些丝织品残迹也表明丝织技术相当成熟。这些都说明商周时期的蚕桑业已较发达，也兆示我国蚕桑的历史应该可能早到史前时期。

1926 年，在山西省夏县西阴村仰韶文化遗址中曾发现半个经人工割裂过的茧壳，茧长 15.2 毫米，幅宽 7.1 毫米[102]。1958 年，在浙江省吴兴县钱山漾遗址发现距今 4710 ± 100 年的绢片、丝带，经鉴定为家蚕丝织成[103]。70 年代，在山西省芮城县西王村发现新石器时代的陶蛹[104]。在浙江省余姚市河姆渡遗址发现蚕纹牙盅[105]。80 年代，在北京市平谷县上宅、河北省正定县南杨庄、陕西省神木县石峁、辽宁省锦西县沙锅屯等新石器时代遗址都发现陶蚕蛹或玉蚕[106]。其中南杨庄发现的二件陶蚕蛹，长 2 厘米，宽、高均 0.8 厘米，属于仰韶文化时期。由此可见，在五六千年前，史前先民已经掌握了植桑、养蚕、缫丝的技术，从而证明中国是世界上最早发明蚕桑、丝织的国家。

战国以后，蚕桑业有很大发展，各地农家大多种桑养蚕，"五亩之宅，树之以桑，五十者可以衣帛矣"（《孟子·梁惠王上》)。在一些铜器上也开始出现采桑的图像。如河南省辉县出土的铜壶和故宫博物院藏品宴乐铜壶以及四川省成都市出土的铜壶上都有采桑图像。山东省嘉祥县武梁祠石刻、四川省成都市和德阳县的汉代画像砖上也有桑园图像[107]。可与《史记·货殖列传》的记载"齐鲁千亩桑麻……此其人皆与千户侯等"相印证。此外,还值得一提的是70年代甘肃省嘉峪关市魏晋墓出土画像砖中的采桑图,色彩鲜艳,形象逼真,生动地反映了当时的桑园景象,可与《齐民要术》中有关桑树种植技术经验的记述相印证,表明当时蚕桑业也相当发达[108]。

（三）家畜的驯化和饲养

史前先民将一些野生动物驯化为家养动物,大体要经过拘禁、野外放养、定居放牧（放牧与舍饲相结合）几个阶段。50年代以来的一些考古发现,也大体反映了这一过程。如从内蒙古阴山岩画中的一些"野牧图"画面,可以看到野外放养的情形,河姆渡遗址曾发现直径1米左右的畜圈,可能是拘禁动物用的,其干栏或房屋底层,据民族学资料推测,可能是豢养家畜的地方。在半坡遗址发现两座长方形畜圈,长6～10米,宽1.8～2.6米,周围有密集的柱洞,说明围有木栅以圈牲畜。在姜寨遗址也发现两座略呈圆形、直径约4米的栏圈,栏中有20～30厘米厚的畜粪堆积,足证是畜圈无疑[109]。圈养对牲畜的肥育、配种、繁殖都有重大作用,是原始畜牧业有很大进步的重要标志。

根据考古资料,我国原始畜牧业主要驯养的家畜有猪、牛、马、羊、狗等,家禽有鸡、鸭、鹅等。

1. 家畜
猪

各地新石器时代遗址出土的家畜骨骼和模型中，以猪的数量最多，约占 1/3 左右。一些晚期遗址中出土的猪骨数量更大，如山东省泰安市大汶口遗址 43 座墓中出土猪骨 96 块，甘肃省永靖县秦魏家遗址 46 座墓中出土猪骨 430 块，可见猪已成为财富的象征，也说明猪在我国原始畜牧业中占有最重要的地位，是真正的六畜之首。目前考古发现最早的材料是广西桂林市甑皮岩遗址出土的距今 9000 年左右的猪牙和猪颌骨，个体数为 67 个，其中 65% 为 2 岁以下，说明"是人类有意识饲养和宰杀的自然结果"。猪牙中"犬齿数量不多，较为长大粗壮的犬齿更少见，犬齿槽外突的程度很差，而门齿一般都较细弱。这些情况，可能显示在人类驯养条件下，猪的体质形态的变化"[110]。其次是在河北省武安县磁山、河南省新郑县裴李岗和浙江省余姚市河姆渡等遗址出土了距今七八千年的猪骨或陶猪，其形态处于亚洲野猪与现代家猪之间，应属于原始家猪阶段（图一〇）。至目前为止，发现有猪骨或陶猪模型的新石器时代遗址达 120 多处，地点遍布各地[111]，表明我国家猪的历史非常久远，也证明以养猪为代表的中国原始畜牧业是和原始农业同时起步的。

到了商周时期，养猪业有较大的发展，甲骨文有许多"豕"字，还有一字是在"豕"字外面围以方框，表示养猪的圈栏，《诗经·大雅·公刘》也有"执豕于牢"的诗句，说明猪已实行圈养。各地的商周遗址和墓葬中也常有猪骨骼出土。当时猪除用于肉食外，还用来祭祀，卜辞中有很多记载。亦有用铜铸造雄性猪尊作为祭祀的代用品，如湖南省湘潭县九华乡出

图一〇 新石器时代陶猪（浙江余姚河姆渡出土）

土的一件铜豕尊，器形硕大，造型生动，前后肘部横穿一对直径1.4厘米的圆管，可贯绳索，便于抬动进行祭祀。春秋战国时期，养猪业受到进一步重视，"鸡豚狗彘之畜，无失其时，七十者可以食肉矣"（《孟子·梁惠王上》）。到了汉代，养猪业更加发达，地方官吏都提倡百姓家庭养猪以增加收入，各地汉墓中经常用陶猪或石猪随葬，出土的数量相当多，造型也很生动逼真，因而可以据之了解汉代家猪的品种类型。如小耳竖立、头短体圆的华南小耳猪，耳大下垂、头长体大的华北大耳猪，耳短小下垂、体躯短宽、四肢坚实的四川本地猪，嘴短耳小、体躯丰圆的四川小型黑猪等等，这对研究我国古代猪种形成的历史，具有很大的科学价值。

牛

牛是指两种不同属的黄牛和水牛。黄牛既可用于肉食又可用于耕田，水牛主要用于南方水田耕作。它们是分别从其不同的野生祖先驯化而来的。在黄河流域和长城内外的上新世到更新世地层里，都发现有现今黄牛和水牛祖先的化石，为原牛或原始牛，所以，中国黄牛和水牛是独立起源的。河北省武安县磁山遗址、河南省新郑县裴李岗遗址和巩义县瓦窑嘴遗址及舞阳县贾湖遗址、山东省滕县北辛遗址、陕西省宝鸡市北首岭遗址等，都出土过牛骨，虽不能肯定都是家养的牛，但也不能否定当时已有驯养野牛的尝试。浙江省余姚市河姆渡遗址曾出土16个水牛头骨（图一一），江苏省吴县梅堰遗址也出土过七个水牛头骨，特别是湖北省宜都市城背溪遗址出土了距今7000多年前的水牛头骨，说明南方驯养水牛的历史有可能早到六七千年以前。仰韶文化和龙山文化时期遗址中，出土的牛骨大为增加，至少在新石器时代后期，牛已在原始畜牧业中占有重要地位[112]。

商周时期养牛业有很大发展。除了肉食、交通外，牛还被大量用于祭祀，动辄数十数百，甚至上千，这在卜辞中都有记载，可见牛在商代已大量饲养，各地商代墓葬中经常用牛殉葬，

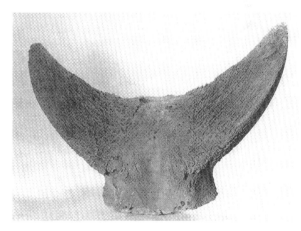

图一一　新石器时代水牛角（浙江余姚河姆渡出土）

或随葬玉牛、石牛等，也可作为例证。《周礼·地官》设有"牛人"一职，负责掌管供应各种肉牛和军需所用之役牛，分为宾客之牛、积膳之牛、膳羞之牛、军事用的犒牛、丧事用的奠牛及军旅行役的兵车之牛。《诗经·小雅·无羊》："谁谓尔无牛，九十其犉……尔牛来思，其耳湿湿，或降于阿，或饮于池。"亦可想见西周养牛业已具相当规模。春秋战国时期，牛耕已经推广，在农业生产上发挥了很大作用，养牛业得到迅速发展。秦国政府还专门颁布《厩苑律》，对牛的饲养管理和繁殖都有严格的规定，反映当时对养牛业的高度重视。春秋时期已创造了穿牛鼻子技术，《吕氏春秋·本生》："使五尺竖子引其棬，而牛恣以所之，顺也。"《庄子·秋水》："落（络）马首，穿牛鼻，是谓人。"这是驾驭耕牛技术的一大进步。有趣的是，上海博物馆藏有一件春秋铜牛尊，其牛鼻上正穿有一环，可与文献记载相印证（图一二）。

秦汉时期，牛耕得到普及，养牛业倍受重视。"百姓所仰，为用最大，国家为之强弱也。"（《风俗通义》）各地的汉墓中也经常随葬陶牛、石牛和木牛等。《史记·货殖列传》："牛蹄角千（即养 100 多头牛）……此其人与千户侯等。"说明已有人专门养牛致富。为了改变公牛的暴烈性情，以便于役使，同时也是为了改进畜肉的质量，汉代已经推广阉牛技术，河南省方城县出土的一块阉牛画像石，就是目前出土的惟一有关汉代阉割技术的实物例证。魏晋南北朝时期，由于畜牧业的发达，已经总结出一套役使饲养牛马的基本原则："服牛乘马，量其力能；寒温饮饲，适其天性；如不肥充繁息者，未之有也。"（《齐民要术》）甘肃省嘉峪关市魏晋墓出土壁画中的畜牧图反映了牧牛、饲牛的生动情景，使我们得以了解当时养牛业的生动情

图一二 春秋铜牛尊（山西浑源出土）

景[113]。

马

马在古代曾号称"六畜之首"，是军事、交通的主要动力，有的地方也用于农耕。中国家马的祖先是蒙古野马，因此中国最早驯养马的地方应该是蒙古野马生活的华北和内蒙古草原地区。在甘肃省兰州市皋兰山曾发现距今近 1 万年的普氏野马头骨[114]。河北省徐水县南庄头遗址也发现了距今 10500 年至 9700 年的马骨[115]。稍晚些有陕西省西安市半坡遗址出土的两颗马齿和一节趾骨，但有人认为其不是家马。不过至迟在龙山文化时期马已被驯养，当不成问题，因为东西南北各地都有马骨出土。如：陕西省华县南沙村龙山文化遗址就出土了两匹马骨架；山东省历城县城子崖，河南省汤阴县白营，吉林省扶余县长岗子，甘肃省永靖县马家湾，陕西省神木县新华，内蒙古包头市转龙藏，江苏省南京市北阴阳营，浙江省乐清县白石以及云南省通海县黄家营、寻甸县姚家村、麻栗坡县小河洞、广南县木犁洞、马龙县仙人洞、宣威县尖角洞、江川县古城山等新石器时代晚期遗址都发现了马骨或马齿[116]。

到了商周时期，马已成为交通运输的主要动力，养马业相当发达。甲骨文已有马字，商墓中常用马殉葬，各地都时有车马坑发现，河南省安阳市武宜村北地一次就发现了117匹马骨架[117]。《诗经》中描写养马牧马及驾驭马车的诗句也很多，《周礼·夏官》有"校人"掌国马之政，"辨六马之属"。这六种马是指：繁殖用的"种马"、军用的"戎马"、毛色整齐供仪仗用的"齐马"、善于奔跑驿用的"道马"、佃猎所需的"田马"和只供杂役用的"驽马"。可见西周时期养马业发达的程度。春秋战国时期盛行车战和骑兵，马成为军事上的主要动力，特别受到重视，此时马已成为"六畜"之首。各地的遗址和墓葬中也经常发现用马随葬，如山东省淄博市齐故城就出土了83匹马骨架[118]。有的墓葬开始用铜马代替活马随葬，如河南省洛阳市西工区、安徽省寿县、云南省祥云县大波拿等遗址都有铜马出土[119]。商周时期在中国畜牧史上的另一大成就，是利用马和驴杂交繁育骡子。山西省灵石县旌介村出土的一件铜簋底部铸有骡子纹饰、陕西省长安县沣西出土的战国铜雕饰上有两匹骡子的形象，是难得的考古资料[120]。

秦汉时期，马已被视为"甲兵之本，国之大用"，因而养马业特别兴盛。西汉政府从西域引进大宛马，改良了中国马种，还从大宛引种优质饲草苜蓿，促进了中国养马业的发展。从秦俑坑和各地汉墓出土的陶马和铜马，可以见到当时良种马的矫健身姿（图一三）。唐代是我国养马业的另一个高峰，仅西北地区的甘肃、陕西、宁夏、青海四处就养马70多万匹，史称"秦汉以来，唐马最盛"（《旧唐书·兵制》）。当时还从西域引进优良马种在西北地区繁育："以金帛市马于河东、朔方、陇右牧之。既杂胡种，马乃益壮。"（《旧唐书·兵制》）从各地出土的唐代三彩陶马的健美形态，亦可看到当时良马的形象，它们应是"既杂胡种，马乃益壮"的真实写照。

羊

羊是从野羊驯化而来的。家羊分化为绵羊和山羊。河北省武安市磁山、河南省新郑县裴李岗、陕西省西安市半坡、陕西省临潼县姜寨等新石器时代遗址都出土过羊骨或陶羊，说明中国北方养羊的历史有可能早到六七千年以前。到了龙山文化时期，出土羊骨的遗址已分布南北各地。北方有内蒙古、甘肃、

图一三　秦代陶马（陕西临潼秦俑坑出土）

陕西、山西、山东、河南、河北、辽宁以及安徽等地；南方有江苏、浙江、湖北、湖南、广西、云南等地[121]，说明养羊业有所发展。一般来说，南方养羊的历史应晚于北方，但是浙江省余姚市河姆渡遗址出土的陶羊，塑造得甚为逼真，显系家羊无疑（图一四）[122]。看来南方驯养家羊的历史有可能比人们所料想的早得多。

商周时期，羊已成为主要的肉食用畜之一，也经常用于祭祀和殉葬。卜辞记载祭祀时用羊多达数百，甚至上千。《诗经·小雅·无羊》："谁谓尔无羊？三百维群。"每群羊数量达到三百，可见商周养羊业甚为发达。商代青铜器常用羊首作为装饰，如湖南等地出土的二羊尊、四羊尊等，铸造极为精美，亦反映出南方养羊业的兴盛。春秋战国时期，养羊业更为发达。"四海之内，粒食人民，莫不犓牛羊。"（《墨子·天志篇》）"今之人生也……又畜牛羊。"（《荀子·荣辱篇》）秦汉时期，西北

图一四　新石器时代陶羊（浙江余姚河姆渡出土）

地区"水草丰美，土宜产牧"，出现"牛马衔尾，群羊塞道"的兴旺景象（《后汉书·西羌传》）。中原及南方地区的养羊业也有发展，各地汉墓中常用陶羊和陶羊圈随葬。魏晋南北朝时期，养羊已成为农民的重要副业，《齐民要术》专立一篇《养羊》，总结当时劳动人民的养羊经验。从甘肃省嘉峪关市魏晋壁画墓中的一些畜牧图，可见当时放牧羊群的具体情形。唐代的养羊业亦取得相当成就，已培育出许多优良品种，如河西羊、河东羊、濮固羊、沙苑羊、康居大尾羊、蛮羊等。各地的魏晋南北朝和隋唐墓葬中，也经常用陶羊、青瓷羊及羊圈随葬[123]。

狗

狗是由狼驯化而来的。远在狩猎采集时代，人们就已驯养狗作为狩猎时的助手，因此，狗要算人类最早驯养的家畜。在农业时代，它亦兼为肉食对象。河北省徐水县南庄头、武安市磁山，河南省新郑县裴李岗、汝州市中山寨，浙江省余姚市河姆渡，山东省茌平县尚庄以及陕西、山西、辽宁、内蒙古、甘肃、湖南、湖北、安徽、江苏、上海、福建各地新石器时代遗址中都出土过狗的骨骼或陶狗。其中，徐水县南庄头的狗骨的年代距今近万年，磁山、裴李岗的年代都距今七八千年，可见其驯养历史之久远。河姆渡遗址出土的陶塑小狗和山东省胶县三里河遗址出土的狗形鬶（图一五），造型生动逼真，使我们得见新石器时代家犬的形态特征。陕西省西安市半坡遗址出土的狗骨，头骨较小，额骨突出，肉裂齿小，下颌骨水平边缘弯曲，与现代华北狼有很大区别，说明当时狗的饲养已很成熟，远远脱离野生状态[124]。

商周以后，狗已成为主要的肉食对象之一，先秦著作中经

图一五　新石器时代陶狗鬶（山东胶县三里河出土）

常"鸡狗猪彘"（《荀子·荣辱》）、"犬彘"（《墨子·天志》）、"鸡豚狗彘"（《孟子·尽心下》）并提，可见狗在六畜中的地位。据《礼记·少仪》记载，狗在当时有三种用途："一曰守犬，守御田舍也；二曰田犬，田猎所用也；三曰食犬，充庖厨庶羞用也。"狗还用作祭祀之牺牲，实际上也是供人们食用的，因此以屠宰狗肉贩卖为业的人也不少。春秋时期的朱亥、战国时期的高渐离、汉初名将樊哙等人，都是历史上屠狗卖肉出身的名人。因此商周墓葬中也经常葬有狗骨，汉墓中则经常以陶狗随葬。

　　大约从魏晋南北朝开始，狗已退出食用畜的范围，只用于守卫、田猎和娱乐，因此《齐民要术》中的畜牧部分就不谈狗的饲养了。不过民间仍有食狗肉的习惯，魏晋南北朝及隋唐墓中也常以陶狗随葬。

2. 家禽

鸡

我国的家禽主要是鸡、鸭、鹅等，其中鸭、鹅驯养的历史较晚，而鸡的驯养历史却是很早的。鸡是由野生的原鸡驯化而来。江西省万年县仙人洞新石器时代早期遗址中就发现了原鸡的遗骨，陕西省西安市半坡遗址也发现过原鸡属鸟类遗骨，说明原鸡在长江和黄河流域都有分布，因而史前先民们就有可能将它驯化成家鸡。在河北省武安市磁山、河南省新郑县裴李岗、山东省滕县北辛等较早的遗址中都有家鸡遗骨出土，可见鸡的驯化年代在中国已有8000多年的历史，这是目前世界上最早的记录。在南北各地的仰韶文化和龙山文化遗址中都有鸡骨或陶鸡出土，证明鸡在当时已被各地人们驯养成功，成为主要家禽[125]。

甲骨文已有鸡字，为"鸟"旁加"奚"的形声字。鸡在商周已成为祭祀品，河南省安阳市殷墟已发现作为牺牲的鸡骨架[126]。在四川省广汉县三星堆发现了商周时期的铜鸡，在河南省罗山县蟒张商墓中发现了玉鸡[127]。《周礼·春官·鸡人》的官职是："掌共鸡牲，辨其物"。《诗经·王风·君子于役》中有"鸡栖于埘"、"鸡栖于桀"的诗句，表明当时已实行舍饲养鸡，早已脱离原始放养状态。江苏省句容县浮山西周墓中出土了一罐鸡蛋，应是舍饲养鸡的产物（图一六）[128]。

春秋战国时期，鸡已成为六畜之一。先秦著作中经常提到"鸡豚狗彘"、"鸡狗猪彘"，说明鸡已被普遍饲养。当时还育成了越鸡和鲁鸡等不同品种，并且还有专门用来斗鸡的品种。河北省石家庄市庄村出土过战国鸡蛋（壳），广东省增城县出土

图一六　西周鸡蛋（江苏句容浮山出土）

过战国陶鸡，云南省祥云县出土过战国铜鸡[129]。

　　汉代的养鸡业更加发达，许多地方官吏如黄霸、龚遂、僮仲等都要求每家至少养四五只鸡。刘向《列仙传》记载："祝鸡翁，居尸乡北山，养鸡百余年，鸡千余，皆有名字，暮栖树上，昼放之，呼即别种而至。卖鸡及子得千万钱。"虽是传说故事，亦反映当时已有人专业养鸡致富的现实。从各地汉墓常有鸡舍、鸡笼模型出土，可以看出当时已逐渐采用鸡舍饲养方式，从而改善和提高了鸡肉的品质和产蛋量，这是一个明显的进步。至魏晋南北朝时期，养鸡技术更加成熟，《齐民要术》已列专章加以总结。唐宋以后直至今天，鸡依然是广大农村饲养的主要家禽。魏晋至唐代的墓葬中都有很多陶鸡出土，有的陶鸡是子母成堆，映射出当时养鸡业的兴旺景象。

　　鸭

　　鸭是水禽，家鸭是从野鸭驯化而来的。从考古材料来看，鸭的驯化远较鸡要晚得多。目前最早的发现是湖北省天门县石家河遗址出土的陶鸭、青海省马家窑文化的鸭形尊、福建省武平县岩石门丘山的陶鸭，其中最早的是石家河陶鸭，但也只有

4000多年而已[130]。商代甲骨文虽然未见"鸭"字，但商墓中已有铜鸭、玉鸭和石鸭出土[131]，可见商代确已饲养家鸭。西周青铜器中常有鸭形尊，西周墓中也有鸭蛋出土，亦反映了当时鸭的饲养已较普遍[132]。

在先秦古籍中，鸭称作鹜，亦称家凫或舒凫，凫即野鸭。《吴地志》："吴王筑城以养鸭，周围数十里。"说明江南水乡，养鸭业已有很大发展。至秦汉时期，鸭与鸡、鹅已成为三大家禽。据《西京杂记》载："高帝既作新丰衢巷……放犬羊鸡鸭于通途，亦竟识其家。"可见养鸭之盛。因此各地汉墓中也常用陶鸭随葬。至南北朝时期，养鸭技术更加成熟，《齐民要术》设专章加以总结。南朝墓中经常出土青瓷鸭圈，亦反映当时舍饲养鸭的情况。

鹅

鹅是从野雁（鸿雁）驯化来的。其驯化年代较晚，但至少在商代就已驯化成功。河南省安阳市妇好墓就出土过三件商代玉鹅（图一七）。山东省济阳县刘台子西周墓中也出土过玉鹅[133]。先秦古籍称鹅为舒雁（《礼记》）。鹅字首见于《左传·昭公二十一年》："宋公子与华氏战于赭丘，郑翩愿为鹳，其御愿为鹅。"《尔雅·释鸟》注："野曰雁，家曰鹅。"西汉末王褒《僮约》中已有"牵犬贩鹅，武都买茶"之句，说明养鹅已成为商品性生产，其社会需求量日益扩大。汉墓中亦有用陶鹅随葬的。《齐民要术》中更有专门篇章叙述养鹅的技术。魏晋南北朝及隋唐墓中也随葬陶鹅，但比起随葬的陶鸡、陶鸭要少得多。

图一七　商代玉鹅（河南安阳妇好墓出土）

（四）农具的发明和使用

在考古发掘中，有关农业的出土文物以农具的数量最大，门类齐全，是研究中国古代农业生产力极为重要的实物资料，具有极高的学术价值，因为它是各个时代农业生产力的"测量器"和"指示物"[134]。

大体说来，原始农业时期，已发明了整地、收获、加工脱粒等三类农具。商周时期已产生中耕技术，出现了中耕农具，并且发明了青铜农具。春秋战国时期出现了以牛马为动力的犁耕并发明了铁农具，同时还创造了加工农具石磨。汉代是我国农具史上最为重要的时期，发明了整地机械耦犁和播种机械耧犁以及加工机械踏碓和风扇车。魏晋南北朝时期形成了一套抗旱保墒的耕耙耱技术，相应地创造了耙耱等整地农具。唐代在农具上的最大成就则是发明了曲辕犁，大量使用碾磨。宋元以后的农具虽有一些改良和进步，但没有根本性的突破，中国传统农具已经基本成熟定型。下面扼要介绍各地出土的农具。

1. 整地农具

整地是为了给播种后种子的发芽、生长创造良好的土壤条件。整地农具包括耕地、耙地和镇压等项作业所使用的工具。在原始农业阶段，最早的整地农具是耒耜。先是木质耒耜，稍后又发明了石耜和骨耜，以后又有石铲、石锄和石锸，在新石器时代末期，还发明了石犁。商周时期的整地农具新增了青铜制作的铲、锸、锤及犁。春秋战国时期的整地农具有铁制的耒、锤、犁铧、锄、锸及多齿锄等。汉代的整地农具除了犁铧之外，新发明了耧犁和耱。魏晋南北朝时期的整地农具新增了耙。唐代的整地农具主要是完善了耕犁的结构，出现了曲辕犁，同时还发明了碌碡等。宋元时期新增加了在水田使用的耖。明清时期的农具基本上继承宋元，没有太大的突破，在考古发掘中明清不是重点，因此出土实物不多。

斧、锛

斧、锛是远古时代最重要的生产工具，出土的数量也最多。人们既可用它作为武器，也可用来打击野兽，还可以用它来砍伐森林、加工木材、制造木器和骨器。在石器时代，人们从事火耕和耜耕农业，开垦荒地之时，就需要用石斧、石锛来砍伐地面的森林，砍斫地里的树根。石锛也可用来掘土翻地，所以石斧、石锛也是原始农业开辟耕地时的重要农具，只有在商周之后，由于农业的进步，已脱离刀耕火种阶段，砍伐森林已不是农耕的重要任务，因此斧、锛在农耕作业中的地位大大下降，但在手工业中却发挥了更大的作用。

早期的石斧是直接用手掌握使用的，称为手斧，以后发展为装柄使用，提高了功效。石锛（尤其是有段石锛）一般都是安装在木柄上使用的。安装方法通常是用绳索将石斧、石锛捆绑在木柄上，但是石斧的刃口和木柄呈平行方向，石锛的刃口和木柄则是横向的。因而斧的功用是劈，锛的功用是斫。不过，从各地出土的考古资料来看，有些斧、锛的安装方法则是直接套入木柄前端的槽孔之中，一些有孔石斧则是先套入槽孔内再用绳索加固（图一八）。

耒、耜

耒、耜是两种农具，是最古老的挖土工具。耒的下端是尖锥式，耜的下端为平叶式。耒是从采集经济时期挖掘植物的尖木棍发展而来的。早期的耒就是一根尖木棍，以后在下端安一横木便于脚踏，入土容易，甲骨文中的 乂 就是它的象形。再后单尖演变为双尖，称为双尖耒（图一九），甲骨文中的 方 就是它的象形。单尖木耒的刃部发展成为扁平的板状刃，就成为木耜。它的挖土功效比耒大，但制作也比耒复杂，需要用石斧将整段木材劈削成圆棍形的柄和板状的刃，即所谓神农"破木为

图一八　良渚文化装柄石斧（江苏吴县澄湖出土）

图一九　云南怒江地区独龙族使用的双齿木耒

耜"、"斫木为耜"[135]。早期的耒、耜都是木质的，即《周易·系辞》所说的"斫木为耜，揉木为耒"，因此不易保存下来。不过在陕西省临潼县姜寨和河南省陕县庙底沟等新石器时代遗址都发现过使用双齿耒挖土后留下的痕迹，浙江省余姚市河姆渡和罗家角等新石器时代遗址出土过木耜。由于木耜的刃部容易磨损，后来就改用动物的肩胛骨或石头制作耜刃绑在木柄上，成为骨耜或石耜，它们都比木耜更加坚硬耐磨，从而提高了挖土的功效。目前北方较早的新石器时代遗址，如河北省武安县磁山遗址和河南省新郑县裴李岗遗址以及辽宁、内蒙古等地的遗址中都出土了很多石耜，其年代最早可达8000年前，由此推测，木质耒耜的起始年代当更为久远。目前发现早期骨耜最多的地方是浙江省余姚市河姆渡遗址和罗家角遗址，距今7000年左右。骨耜是用偶蹄类哺乳动物肩胛骨制成，肩部挖一方孔，可以穿过绳子绑住木柄。骨耜中部磨有一道凹槽以容木柄，在槽的两边又开了两个孔，穿绳正好绑住木柄末端，使木柄不易脱落，其制作方法已相当进步。这种骨耜在南方水田中使用，功效也很高（图二〇）。

图二〇　新石器时代骨耜
（浙江余姚河姆渡出土）

耒、耜使用的年代相当长久，直到商周时期还是挖土的主要工具，《夏小正》载有"农纬厥耒"，《诗经》中多次提到耜。战国时期耒、耜依然是主要的整地农具。《管子·海王》载："耕者必有一耒、一耜、一铫。"并且还在耜的齿端套上金属套刃，使其更加坚固耐用，工效倍增。如在湖北省江陵县纪南城水井中发现一件战国木耒，其双齿套有铁刃，挖土功效更为显著，这是木耒发展史上的一大进步（图二一）。甚至到了汉代，犁耕已经普及，但耒、耜仍未绝迹，不但文献上经常提到，各地汉墓中也常有耒、耜的模型或实物出土。大约到三国以后，耒、耜才逐渐退出历史舞台，因为成书于后魏（6世纪）的农书《齐民要术》提到的整地农具中就没有耒耜。后代文献所提到的耒耜只是农具的泛称而已，如唐代陆龟蒙的《耒耜经》，实际上是指耕犁。

铲

铲是一种直插式的整地农具。铲和耜是同类农具，在原始农业的生产工具中并无明显区别。现在一般将器身较宽而扁平、刃部平直或微呈弧形的称为铲，而将器身较狭长、刃部较尖锐的称为耜。最早的铲是木制的，浙江省余姚市河姆渡遗址就出土过木铲（图二二）。各地出土更多的是石铲，也有少量骨铲。铲的器形较多样，早期的呈长方形，较晚出现的有肩石铲和钻孔石铲，使用时都需绑在木柄上。商周时期出现青铜铲，肩部中央有銎，可直接插柄使用。河南省郑州市人民公园出土过一件带柄的青铜铲，由此可以了解商代青铜铲的全貌（图二三）。春秋时出现铁铲，到战国时铁铲的使用更为普遍，形式有梯形的板式铲和有肩铁铲两种。至汉代始有铲的名称，《说文解字》已收有"铲"字。汉代的铲器形较为多样，有宽肩、圆肩、斜肩几种形式。四川汉墓中经常有执铲陶俑出土，

陶俑所执的铲肩宽且平，刃部收缩呈弧形，附有长柄，从其与陶俑高度的比例测算，与现代的铁锹大小一样。铁铲在汉唐以后一直是主要的挖土工具之一，在宋元时期称为铁枚或铁锹。王祯《农书》："煅铁为首，谓之铁枚，惟宜土工。"北方的一些金元时期遗址中常有铁铲出土，其形制大小都与现在的铁锹相似，说明铁铲到此已经定型，至今没有太大的变化。

锸

锸为直插式挖土工具。锸在古代写作臿，《释名》"臿，插也，插地起土也"。最早的锸是木制的锸，与耜差不多，或

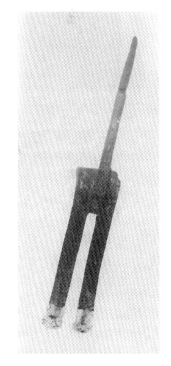

图二一　战国铁口双尖耒
（湖北江陵纪南城出土）

图二二　新石器时代木铲
（浙江余姚河姆渡出土）

者说就是耜，在木制的锸刃端加上金属套刃，就成了锸，它可以减少磨损和增强挖土能力。锸是商代新出现的农具，发展于战国，盛行于汉代，一直沿用到南北朝以后。商周时期的锸多为凹字形的青铜锸（图二四），春秋时期的铜锸形式较多样，有平刃、弧刃或尖刃。战国时期开始改用铁锸，主要有一字形和凹字形两种。锸是汉代的主要挖土工具，在兴修水利取土时发挥很大作用，故有"举臿为云，决渠为雨"的民谣（《汉书·沟洫志》）。锸的铁套刃在汉代叫鐅，《说文解字》："鐅，河内谓臿头金也。"安装鐅的木板叫"叶"。《释名·释用器》："其板曰叶，像木叶也。"使用时双手握柄，左脚踏叶之左肩，用力踩入土中，再向后扳动将土翻起。《淮南子·齐俗训》："修胫者使之跖臿。"高诱注："长胫以蹋插。"湖南长沙马王堆3号西汉墓出土一把完整的锸，其木叶左肩比右肩突出而稍低，就是为了便于左脚踩踏而设计的（图二五）。从四川等地汉墓出土的持锸俑，也可见到锸的完整形状。锸在南北朝时期继续使用，但出土的实物远少于汉代，《齐民要术》中没有提到锸，说明已不是主要农具。隋唐以后，锸已很少出土，但是并没有绝迹，至今在南方的一些偏僻农村仍在使用，如江西省奉新县、湖南省桃源县的农村中现在使用的一种铁锹，就还保存着古代铁锸的原始形状。

犁

犁是用动力牵引的耕地农机具，也是农业生产中最重要的整地农具，但是它产生的历史较晚，约在新石器时代晚期才出现一种石犁，是用石板打制成三角形的犁铧，上面凿钻圆孔，可装在木柄上使用，估计当时还不可能采用牛耕，应是用人力牵引（图二六）。由于考古发现的都是石犁铧，木质的犁架未保存下来，因此对原始耕犁的犁架结构尚不清楚，而且当时也未能普遍使用，但它已具备动力、传动、工作三要素，远比其他原始农具的结构复杂，可算是最早的农机具，它的出现在我国农具史上具有非常重大的意义。到商代，开始出现金属犁铧，江西省新干县大洋州商墓出土过两件青铜犁铧，呈三角形，上面铸有纹饰，一件宽 15 厘米、长 11 厘米、高 2.5 厘米，另一件宽 13 厘米、长 9.7 厘米、高 1.7 厘米。这是目前仅有的两件经过科学发掘有明确出土地点和年代判断的商代铜犁铧。它证明商代确实使用过铜犁。虽然没有犁架出土，仍不明其具体结构，但从铜犁铧的形制观察，已和后代的铁犁铧相类似，因此推测其犁架结构应和西汉画像石上的框形

图二三　商代铜铲
（河南郑州人民
公园出土）

图二四　商代铜锸（江西新干大洋洲出土）

犁相似，早已摆脱了石犁的原始状态。尽管目前还无法确定商代是否使用牛耕，但青铜犁的出现为以后铁犁的使用开辟了道路，因而在我国农具史上占有重要的地位。

春秋战国时期，牛耕开始推广，铁犁铧也取代了青铜犁铧，陕西、山西、山东、河南、河北等地都有战国的铁犁铧出土，说明犁耕已在中原地区广泛使用（图二七）。但出土的多数是 V 字形铧冠，宽度在 20 厘米以上，比商代铜犁大得多。它是套在犁铧前端使用的，以便磨损后及时更换，减少损失。这说明战国的耕犁已比商周时期进步得多，大大提高了耕地能力。只是此一时期犁架的结构仍不明了。

耕犁到了汉代才得到普及，不仅中原各省都有铁犁铧出土，西北、东北边陲也出土了不少铁犁铧，就连史称"火耕水耨"的江南地区，远至福建、广西、广东等地，也有铁犁或牛耕模型出土，它们成为汉代农业生产力显著提高的主要标志之一。汉代的铁犁铧品种多样，大小不一，小的长、宽各 20 厘米左右,大的长、宽可达40厘米以上。陕西、河南等地还出土了汉代的铁犁壁,有单面的,呈菱形或板瓦形,可向一面翻土;也有双面的,呈马鞍形,可双面同时翻土,适于开沟起垄。犁壁是翻土碎土的重要装置,这一发明标志着中国耕犁已走上成熟道路,是耕犁史上的重大成就。从各地画像石和壁画的牛耕图上,还可看到汉代耕犁的具体结构,汉代耕犁已具备了犁辕、犁箭、犁床、犁梢等部件,说明已趋于成熟定型。大体说来,西北地区(如陕西、内蒙古)的耕犁犁床和犁梢区分明显,属于长床犁或框形犁(图二八)。东部地区(如山东、江苏)的耕犁形制有所不同,犁床和犁梢连成一体呈弓形,是用一根弯曲木头制成,看不出明显的犁床,故亦称为无床犁(图二九)。两类耕犁都是直辕犁,有用二牛牵引的长直辕犁和用一牛牵引的短直辕犁。长直辕犁适于在大块田地上使用,短直辕犁转弯灵活,适于在小块田里使用,是一种因地制宜的发明创造。

魏晋南北朝时期的耕犁基本上是继承汉代的,但犁铧的形制还是有所变化,犁铧冠由汉代的长翼变化为较短的翼。西汉铁犁铧接近等腰三角形,从东汉开始向牛舌状改进,至南北朝定型化。犁铧有大、中、小三种,反映犁铧多样化。从魏晋墓壁画牛耕图看,当时的耕犁还是二牛挽拉的长辕犁。但《齐民要术》已指出:"长辕耕平地尚可,于山涧之间则不任用,且回转至难、费力,未若齐人蔚犁之柔便也。"

图二五　西汉铁锸
(湖南长沙马王堆出土)

图二六 新石器时代石犁（上海松江广富林出土）

图二七 战国铁犁铧（河南辉县固围出土）

说明山东一带已出现适合在山间谷地使用的蔚犁。将蔚犁与长辕犁相比，则蔚犁应是一种操作灵活轻便的短辕犁。这种犁的出现可能为唐代曲辕犁的诞生奠定了基础。

　　耕犁发展到唐代又有一次重大的突破，这就是曲辕犁的出现。据陆龟蒙《耒耜经》记载，唐代晚期江东农村的耕犁共由11个部件组成，犁镵和犁壁是铁制的，其余的犁底、压镵、策额、犁箭、犁辕、犁梢、犁评、犁建、犁槃等部件都是木制的。犁身全长4米，比现在的犁要长许多，但它的辕是弯曲的，末端设有能转动的犁槃，可用绳索套在牛肩上，牵引时犁可自由摆动和改变方向，克服了汉魏时长直辕犁耕至田边地角时"回转相妨"的缺点，更适合在江南田地面积较为狭小的水田中使用，故被称为曲辕犁。曲辕犁的另一个优点是设有犁评，可调节犁箭上下，改变牵引点的高度，并可控制犁地的深浅。又因犁壁竖立于犁镵之上，两者不成连续曲面，既便于碎

图二八　东汉牛耕画像石（陕西米脂出土）

图二九 东汉牛耕画像石（江苏睢宁双沟出土）

土，又便于形成畎垄，因此操作起来比直长辕犁简便轻巧，能适应各种土壤和不同田块的耕作要求，既提高耕作效率，又提高耕地质量。可见，我国的耕犁发展到此已达相当完善的地步。从此以后，曲辕犁就成为我国耕犁的主流。目前考古资料中，只在陕西三原李寿墓壁画上看到一幅长曲辕犁的形象(图三〇)。

宋元时期的耕犁是在唐代曲辕犁的基础上加以改进和完善，使犁辕缩短、弯曲，减少策额、压𬭚等部件，犁身结构更加轻巧，使用灵活，耕地效率也更高了。正如王祯《农书·垦耕篇》所说："南方水田泥耕，其田高下阔狭不等，一犁一牛挽之，作止回旋，惟人所便。"我国耕犁至此已完全成熟，明清时期的耕犁已没有什么太大的突破。

镢

镢又称镢或镐，为横斫式整地农具。掘地部件为长条形，上有銎，可安装横柄，是深掘土地的得力工具，多用于开垦荒地，农家亦用于刨掘作物的根株，是农家主要的整地农具之一。镢起源于新石器时代的鹿角镢和有段石锛。商周已出现青铜镢，当时称为欘。《国语·齐语》："恶金以铸锄、夷、斤、欘，试诸壤土。"韦昭注："欘，斫也。"《尔雅·释器》："斫谓之欘。"郭璞注："镢也。"《说文解字》："镢，大锄也。"至迟在战国时期，铁镢已得到推广，并且出现了横銎式铁镢。在此之前的镢都是直銎式的空首镢，其装柄的方法是在銎的顶部銎口插入长方形木块，在木块上横凿一孔以装木柄，或直接安装树权形的弯曲木柄。横銎式的镢则是銎口横穿镢体的上方，直接横装木柄，加塞木楔，使之更加紧固牢靠，使用时不易

图三〇　唐代牛耕壁画（陕西三原李寿墓出土）

脱落，其掘土功效更高，因此很快就淘汰了直銎式的空首镢，成为汉代以后的主要掘地农具之一。因此，汉代的《淮南子》一书就经常提到它，如："今夫徭者，揭镢臿……"（《精神训》），"奋儋（担）镢"（《兵略训》），等等。王充《论衡·须颂篇》亦提到："以镢臿凿地……如复增镢臿。""或以镢臿平而夷之。"从河南省渑池县出土的铁农具中，可知南北朝时期的镢已有大中小三种，可适应不同的用途。至宋元时期镢已定型，与今天农村所用者毫无二致。王祯《农书·镢臿门》将镢放在首位："镢，斫田器也……又作镢，诛也，主以诛除物株也。盖镢，斫器也。农家开辟地土，用以斫荒。凡田园山野之间用之者，又有阔狭大小之分，然总名镢。"从出土实物考察，宋元铁镢确有阔窄之分，其阔者，南方亦称为锄头，至今仍在使用。

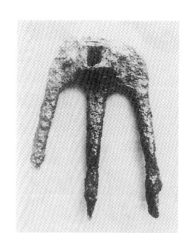

图三一　战国铁三齿镢

（河南易县燕下都出土）

多齿镢

横斫式掘土农具，有二齿、三齿、四齿、六齿不等，以四齿居多，故亦称四齿耙、四齿镢或四齿镐。使用时向前掘地，向后翻土，比犁要深，又可随手将土块耙碎，但全凭体力，很是累人，是南方农村的主要整地农具之一。早在战国即已出现，汉代亦多使用，以二齿、三齿为多（图三一）。至宋代称为铁搭。王祯《农书·镢臿门》："铁搭四齿或六齿，其齿锐而微钩，似杷非杷，斫土如搭，是名铁搭。就带圆銎，以受直柄，柄长四尺。南方农家或乏牛犁，举此斫地，以代耕垦，取其疏利。……尝见数家为朋，工力相助，日可斫地数亩。江南地少土润，多有此等人力，犹北方山田钁户也。"直至今天，在人多地少、土地湿润的江苏南部和浙江平原地区，铁搭仍是主要耕垦工具，有的地方甚至多于牛耕。

2. 播种农具

播种农具出现的时间较晚。在原始农业阶段，大多是用手直接撒播种子，无需播种工具。可能在种植一些块茎、块根作物时需借助工具，如用一些尖木棍或削尖竹竿挖穴点播，因此一些原始单尖木末（包括骨铲、鹿角锄等）可能也用来挖穴点播，不妨也可视为原始的播种农具之一。但是真正的播种农具是要等到以精耕细作为主要特征的传统农业技术成熟以后才出现的。

耧犁

有明确文献记载的播种农具是西汉的耧犁。据东汉崔寔《政论》记载，耧犁是西汉武帝时搜粟都尉赵过所发明，其使用方法和功效是："三犁共一牛，一人将之，下种挽耧，皆取备焉，日种一顷。"这种耧犁就是现在北方农村还在使用的三脚耧车。耧车有独脚、二脚、三脚、甚至四脚数种，以二脚、三脚较为普遍。王祯《农书·耒耜门》记载，两脚耧的具体结构为："两柄上弯，高可三尺，两足中虚，阔合一垄，横桄四匝，中置耧斗，其所盛种粒各下通足窍。仍旁挟两辕，可容一牛，用一人牵，傍一人执耧，且行且摇，种乃自下。"北京市清河镇、陕西省富平县、辽宁省辽阳市三道壕都出土过西汉铁耧犁铧，陕西、山东、河南也出土过东汉铁耧犁铧。山西省平

图三二　东汉墓壁画耧播图（山西平陆枣园出土）

陆县枣园东汉墓出土了一幅耧播图，使我们得以了解汉代用耧播种的具体形象（图三二）。耧在三国时期已传播到甘肃敦煌一带。《三国志·魏书·仓慈传》："（皇甫）隆到（敦煌），教作耧犁。"三国以后耧车在北方农村一直在使用，是主要的播种农机具。河南省渑池县出土过南北朝铁耧铧，河南、山东、山西出土过宋代铁耧铧。陕西省三原县李寿墓和甘肃省敦煌县莫高窟454窟还分别发现唐代和宋代的耧播图壁画。耧犁从西汉直到现在连续使用了两千多年，可见其生命力之强。

窍瓠

古代还有一种手工操作的播种农具，叫作"窍瓠"，是用瓠子硬壳制成，中间穿一中空木棍。壳内装种籽，用手持棍将下部尖端插入土中点播，比单纯用手播种要均匀、轻便，节约种籽，可提高功效。窍瓠的最早记载见于《齐民要术》："两耧重耩，窍瓠下之。"河北省滦平县岑沟出土的金代窍瓠是目前最早的实物例证（图三三）。

3. 中耕农具

早期原始农业播种后是"听其自生自实"，没有田间管理环节，自然也就没有中耕农具，后期可能有锄草等作业，主要是靠手工或是利用一些简单的竹木器和蚌器来除草。但至迟商周时期已使用青铜农具来中耕除草。《诗经·臣工》："命我众人，庤乃钱镈。"《释名》："镈，迫地去草也。"据考证这钱镈就是用来中耕锄草的铲子和锄头。战国时期出现铁铲和铁锄，当时称作铫、耨。《庄子·杂篇》："春雨时日，草木怒生，铫耨于是乎始修。"《战国策·齐策三》："操铫耨有农夫居垄亩之中。"《晏子春秋·内篇·谏上》："戴笠衣褐，执铫耨以蹲行畎亩之中。"据《淮南子·说山训》："治国者若耨田，去害苗者而已。"可证耨就是中耕除草，其工具就叫耨。耨在汉代也叫作

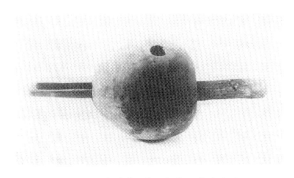

图三三　金代窍瓠（河北滦平岑沟出土）

钼。《盐铁论·申韩》："犀铫利钼，五谷之所利向间草之害也。"钼即锄，据《说文解字》："钼，立薅所用也。"可知钼是有较长的柄，人可站立使用，与"蹲行畎亩之中"使用的钱镈有所不同,减轻了劳动强度，提高了除草功效。魏晋南北朝时期，除了使用手工农具锄、铲之外，还使用畜力牵引耙耪等工具进行中耕。唐宋以后，水田农业发展迅速，出现了水田中耕农具耘爪、耘荡等，元代还创造了多种功能的耧锄。不过，在考古发掘中，出土的中耕农具往往只有铲和锄两种。

铲

大型铲用来翻土，属于整地农具。小型铲才是用来中耕除草的。铲在商周时期称为"钱"，最早见于《诗经·臣工》："命我众人，庤乃钱镈。"镈是除草工具，《诗经·良耜》："其镈斯赵，以薅茶蓼。"钱既与镈同类，应该也是用以锄草的。春秋战国时期，钱已成为货币的名称，另取名字叫作"铫"。《管子·海王》："耕者必有一耒、一耜、一铫，若其事立。"《管子·禁藏》："推引铫耨。"可见铫的使用方法是向前推引，与铲相同。并且又是在"蹲行畎亩之中"状态下使用，其柄当不长，应为单手执握使用。正如王祯《农书·钱镈门》所说："钱特铲之别名耳……柄长二尺，刃广二寸，以铲地除草，此古之铲也。"今天西北地区一些农村的农民还是手执小铲蹲行麦田里除草松土。商周时期使用的是铜铲，战国以后广泛使用铁铲。唐宋以后，由于耕作制度和作物品种的变化，用于田间除草的工具也有所变化，出现了可以站立使用的较大型的铲。王祯《农书·钱镈门》："今铲与古制不同，柄长数尺，首广四寸许，两手持之，但用，前进揎之，铲去垄草，就复其根，特号敏捷。

今营州之东，燕蓟以北，农家种沟田者皆用之。"这种铁铲已兼有除草、松土和培土的功能，铲发展至此已成熟，一直沿用至今。

锄

锄是横斫式锄地农具。大型锄用于挖土，小型锄用于松土锄草，属于中耕农具。《释名·释用器》："锄，助也，去秽助苗长也。"锄在商周时期称作镈。《诗经·良耜》："其镈斯赵，以薅荼蓼。"说明镈是锄草工具。镈亦写作鎛，《释名》："鎛，迫也，迫地去草也。"又说："镈亦锄类"。镈在春秋战国时期称为耨。《吕氏春秋·任地》："耨（镈）柄尺，此其度也，其博六寸，所以间稼也。"可见是一种单手执握蹲行田间除草的小锄。至今华北农村使用的小薅锄，就是古代的镈、耨的后代。镈在汉代称为钼。钼即锄。《说文解字》："钼，立薅所用也。"既是立薅所用，其柄当长数尺，其刃也应更宽数寸，其锄草功效更高。在考古发掘中出土的锄草农具里最具特色者是战国时期的六角形铁锄。此铁锄的正面呈六角形（为一长方形削去左右两肩），平刃，体宽而薄，锄草效率高。其两肩斜削，锄草时不会碰伤庄稼，故符合垄作法的要求，一直沿用到西汉。河北、辽宁、内蒙古、湖北、湖南、江西各地都出土过战国和西汉的六角形铁锄。河北省兴隆县还出土过这种六角形铁锄范（图三四、三五）。西汉时还使用一种"钩如鹅项"的铁薅锄，其刃平直，锄身近三角形，有一鹅项形锄钩可以直接装柄，人站立使用时，锄刃可以平贴地面，锄草轻快便捷，故后代一直沿用，只是锄身变为半月形而已。王祯《农书·钱镈门》称之为耰锄："其刃如半月，比禾垄稍狭。上有短銎，以受锄钩。钩如鹅项，下带深裤，皆以铁为之，以受木柄。钩长二尺

图三四　东周六角形铁锄（湖北大冶铜绿山出土）

图三五　战国六角形铁锄（河北易县燕下都出土）

五寸，柄亦如之。北方陆田，举皆用此。"

4. 收获农具

在采集经济时期和原始农业初期，人们是用双手来摘取野生谷物的，以后才逐渐使用石片和蚌壳等锐利器物来割取谷物穗茎，并逐渐把这些石片和蚌壳加工成有固定形状的石刀和蚌刀，这就是最早的收获农具。后来又将它们改进为石镰和蚌镰。进入商周时期，在继续使用石镰、蚌镰的同时，开始使用青铜镰刀，《诗经·臣工》："命我众人，庤乃钱镈，奄观铚艾。"铚就是铜制的小刀，艾就是铜制的镰刀。战国时期使用铁铚和铁镰。西汉以后，铚被淘汰，铁镰成为最主要的收获农具，直至明清时期仍然如此。

铚

铚是最古老的收获农具。《说文解字》："铚，获禾短镰也。"《释名·释用器》："铚，获禾铁也。铚，断黍穗声也。"说明铚是专门用来割取禾穗的一种短镰，它是从原始农业收获工具石刀和蚌刀发展而来的，因此早期的铚就保留了石刀和蚌刀的形态。如河北省平山县灵寿城出土的陶铚范和云南省呈贡县出土的铜铚，其形状都是仿制有孔石刀(图三六)。安徽省贵池县和江苏省句容县出土的铜铚则呈腰子形蚌壳状，刀部铸有斜线纹锯齿，更为锋利，可明显看出是仿制蚌刀的，也是蚌刀向镰刀演变的过渡形态(图三七)。春秋以前使用的是铜铚，战国以后则多为铁铚。汉代以后，铁铚逐渐减少，铁镰成为主要收获农具。但是铚并未完全消失，至今在华北农村尚有使用，称之为"爪镰"或"掐刀"，辽宁省也叫作"捻刀"。

镰

镰是长条形带锯齿刃的收割农具。镰虽是从石刀演变而来

图三六　战国～西汉铜铚(云南呈贡龙街出土)

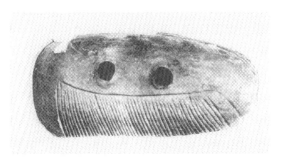

图三七　东周铜铚(江苏句容出土)

的,但其历史仍非常古老。河北省武安县磁山遗址和河南省新郑县裴李岗遗址都出土了许多距今 8000 年的石镰,而且制作得相当精美(图三八)。在其他遗址中也出土过许多蚌镰。商周时期使用青铜镰刀,如江西省新干县大洋洲商代墓中出土的青铜镰,其形制已与战国铁镰差不多。从战国开始,铁镰取代了铜镰。西汉以后铜镰已基本消失。汉代的铁镰已基本定型,只是镰身宽狭有所不同(图三九)。此后的变化不大,一直沿用至今。

5. 脱粒农具

原始农业时期收获谷物大多是摘取或割取谷穗,最原始的

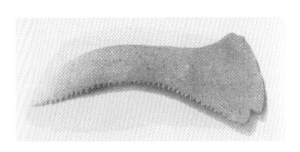

图三八　新石器时代石镰（河南新郑裴李岗出土）

图三九　西汉铁镰（内蒙古奈曼旗沙巴营子出土）

脱粒方法是用手直接捋取禾穗上的谷粒，或者用手搓磨谷穗使之脱粒，也有可能是用手抓握禾穗摔打，使之掉粒。稍后，人们使用木棍敲打谷穗使之脱粒，这木棍就是最早的脱粒农具，后来发展为连枷。水稻较易脱粒，人们往往连秆收割，然后用手抓握在稻床（稻桶）上使劲掼打，使稻粒脱落在桶内或竹席上，南方农村长期采用此种方法。稻床（稻桶）、竹席等只能算是辅助性的脱粒农具。谷物脱粒后，还需将混杂在谷粒中的谷壳、茎叶碎片和尘屑等杂物清除，因此需要扬场工具，较早用簸箕或木锨簸扬，借风力吹掉杂物。至迟在西汉就已发明了专门用来扬扇谷壳杂物的农机具——飏车。飏车就是现在农村还在使用的风扇车。严格说来，在我国传统农具中只有连枷和风扇车才算得上是真正用来脱粒的农具。

连枷

连枷是从原始农业中使用的敲打谷穗使之脱粒的木棍发展而来的。它由两根木棍组成，即在一根长木棍的一端系上一根短木棍，利用短木棍的回转连续扑打禾秸谷穗使之脱粒。文献记载最早见于《国语·齐语》："今农夫群萃而州处，察其四时，权节其用，耒耜枷芟。"韦昭注："枷，柫也，所以击草（禾）

也。"《说文解字》："梿，击禾连枷也。"《释名·释用器》："枷，加也，加杖于柄头以挝穗，而出其谷也。或曰罗枷三杖而用之也。"可知连枷之名至少在汉代就已正式出现。连枷为木制（南方也有用竹子制作的），不易保存，在考古发掘中难以发现实物，只能在一些壁画上见到它的形象。如甘肃省嘉峪关市魏晋墓壁画中的打连枷图（图四〇），敦煌莫高窟壁画中也有许多打连枷的场面（如 445 窟、205 窟等）[136]。

风扇车

也叫风车、扇车，古代称飏扇，是专门用来扬弃谷物中糠秕杂物以清理籽粒的农机具。全部由木材制成，车身后面有扇出杂物的出口，前身为圆鼓形的大木箱。箱中装有 4 至 6 片薄木板制成的风扇轮。手摇风扇轮轴的曲柄，使扇轮转动。扇车顶上有盛谷的漏斗，脱落后或舂碾后的谷物从漏斗中经狭缝徐徐漏入车中，通过转动风轮所造成的风流，将较轻的杂物吹出车后的出口，较重的谷粒则落在车底，流出车外，从而把杂物

图四〇　魏晋墓壁画打连枷图（甘肃嘉峪关出土）

和净谷净米分开。风扇车发明于西汉。《急就篇》：“碓砠扇隙春簸扬。”颜师古注：“扇，扇车也。”河南省济源县泗涧沟西汉晚期墓中曾出土过两件陶风扇车模型,河南省洛阳市(图四一)、山西省芮城县城南、山东省临淄县金岭等地的东汉墓中也出土过几件陶风扇车模型,都证明早在汉代黄河流域即已使用风扇车。早期风扇车的风轮箱体为长方形,摇动风扇轮时较为费力,因为在箱体内与风轮轴平行的箱体壁所组成的两面角内会产生涡流,阻碍了风轮的运转。从王祯《农书》的记载看来,至少在宋元时期,就已出现了圆柱形风轮箱体的风扇车,克服了产生涡流的现象,使用起来更为轻快,从而提高了功效。

6. 加工农具

多数谷物需要加工去壳或磨碎后才宜于食用。最早的加工方法可能是春打,之后方为碾磨。目前发现最早的加工农具是石磨盘。原始状态的石磨盘就是一块较大的平坦石头,将谷物放在石上,再用一块较小的石头来碾磨脱壳以取得米粒。早在采集经济时期,人们就已经用这种原始的石磨盘来加工采集到的野生谷物。当农业发生以后,它得到迅速发展。另一种加工农具是杵臼,即将谷物放在土臼、木臼或石臼中春打脱壳。最早的杵臼是挖地为臼,用木杵春打。《周易·系辞》：“断木为杵,掘地为臼。杵臼之利,万民以济。”此种杵臼难以保存,故不易发现,因此杵臼的历史并不一定比石磨盘晚。到了春秋战国时期,发明了旋转型石磨,这是加工农具史上的重大突破。磨是连续运作的加工工具,极大地提高了功效,很快就淘汰了石磨盘。石磨可以将小麦磨成面粉,将大豆磨成豆浆,从而使中国饮食习惯从粒食发展为面食,也促进了小麦和大豆种植的发展。汉代又发明了另一种加工农具——碓。碓是从杵臼

图四一　东汉陶风扇车（河南洛阳出土）

发展而来，利用杠杆原理用脚踩踏，比用手工操作省力。除了脚碓外，汉代还发明了用畜力驱动的畜力碓和用水力驱动的水碓。魏晋南北朝时期又发明了石碾，也是加工旱作谷物的重要农具，它一直在北方农村中长期使用。

石磨盘

石磨盘是原始的粮食去壳碎粒工具。最早的石磨盘是两块天然的石块。下面较大而宽平，将谷物放在上面，再用一块圆柱形的鹅卵石碾磨，以前云南的一些少数民族就是使用这种石块加工粮食的。后来人们逐渐将下面的石块加工成扁平状，将碾磨用的石块加工成圆柱形磨棒。目前在各地新石器时代遗址中已发现很多石磨盘和石磨棒。石磨盘最早产生于旧石器时代末期（或称中石器时代）。当时还是采集经济，人们用它来加工采集到的野生谷物。考古工作者在山西省沁水县下川文化遗址中发现一件17000年前的残石磨盘，这是我国目前已发现的最古老的（野生）谷物加工工具。进入新石器时代，农业生产得到迅速发展，谷物增多，石磨盘也更加受到重视。如河南省新郑县裴李岗遗址和河北省武安县磁山遗址出土的距今8000年左右的石磨盘，就制作得非常精致。磨盘为长椭圆形，并琢有四足。磨棒为圆柱形，其工艺水平相当高(图四二)。而后的仰韶文化和龙山文化遗址出土的石磨盘反而较为粗糙。石磨盘一直使用到春秋战国以后才逐渐消退，特别是西汉以后，由于旋转式石磨的推广普及，石磨盘在中原大地已消失，只在北方草原地区尚有一些残留。

杵臼

人们最早加工谷物的方法可能是木棍直接捶打谷穗使之脱粒，而后才发展为舂打。因此最早的杵就是一根粗木棍，最早的臼就是在地上挖一个圆形的坑，将谷物倒进坑中进行舂打。《易·系辞下》："神农氏没，黄帝尧舜氏作，……断木为杵，掘地为臼。"《说文解字》："古者雍父初作舂。"《世本·作篇》："雍父

图四二　新石器时代石磨盘(河南新郑裴李岗出土)

作曰杵,舂也。"宋衷注曰:"雍父,黄帝臣也。"说明杵臼发明于原始社会末期的黄帝时代。实际上杵臼的历史可能更古老些。从我国西南地区少数民族使用杵臼的情况看,最早的杵臼是所谓地臼,即在地上挖一个坑,铺上兽皮或麻布,倒进谷物用木棍舂打。稍后发展为木臼,即在砍下大树以后的树桩上挖一个圆坑,倒进粮食用木杵舂打,称之为树臼。进一步就用砍下的一段树干制作木臼,可以移动,便于使用。最后才使用石头制作的石臼。从考古资料看,浙江省余姚市河姆渡遗址、山东省滕县北辛遗址都发现距今 7000 年左右的木杵和石杵,但未发现臼,推测当时可能是使用地臼或者是陶臼。但安徽省定远县侯家寨遗址曾发现 7000 年前的石臼,说明石臼的历史也非常古老。早期的石臼较小,而且外形较不规则(图四三)。汉代以后的石臼就比较规整,宋代以后,已经定型,如江西省宁都县璜陂村出土的宋元时期的石臼,臼身较矮,口径较大,与今天农村所使用的石臼相同。

石磨

旋转型的石磨是将谷物磨碎的加工机械,为上下两扇圆形石块组成。上扇凿有磨眼,并安有拐柄,朝下一面凿有磨齿;下扇朝上一面亦凿有磨齿,中央装一短轴,可将上扇磨石套合在一起,摇动拐柄使上扇磨石绕轴旋转,谷物由磨眼注入,在两扇之间散开并在磨齿之间被磨碎。石磨相传为春秋时期鲁班所发明。战国时期成书的《世本·作篇》载:"公输班作硙。"公输班即鲁班,硙即磨,汉代亦写作䃺。《说文解字》:"硙,䃺也。……古者公输班作硙。"考古工作者在河北省邯郸市和陕西省秦都栎阳都发现过战国时期的石磨,可与文献记载相印证。目前尚未发现有更早的石磨出土。过去曾有外国学者认为

图四三 新石器时代石杵臼（河南淅川黄楝树出土）

石磨是张骞通西域以后才从西方传进来的，现已被考古发现所否定。

石磨在西汉得到迅速发展，各地经常有石磨和陶磨模型出土。只是西汉的石磨制作得略微粗糙一点，磨齿多为窝点状，磨出来的粮食颗粒较粗。东汉的磨齿才发展为放射线形，磨出来的粮食呈颗粒细小的粉末状，特别适合用来加工小麦和大豆。石磨一般是用人力牵动，但河北省满城县刘胜墓出土一座大型石磨，旁边有一具牲畜遗骸，可知是用畜力来驱动，其功效自然远较人手推磨为高（图四四）。魏晋南北朝时期，发明了用水力驱动的水磨。如《南史·祖冲之传》："于乐游苑造水碓磨，武帝亲自临视。"《魏书·崔亮传》："奏于张方桥东堰谷水造水碾磨数十区，其利十倍，国用便之。"说明当时水磨的使用相当普遍。到宋元时期，又发明了利用风力作为动力的风

图四四　西汉石磨及铜漏斗俯视（河北满城刘胜墓出土）

磨。元代耶律楚材《西域河中十咏·其六》："寂寞河中府，西流绿水倾。冲风破旧麦（原注：西人作磨，风动机轴以磨麦），悬碓杵新粳。"风磨的发明不仅是加工农具史上的新成就，而且在我国农用动力发展史上也具有非常重大的意义。王祯《农书·利用门》记载了当时江西山区为了加工茶叶，还创造了一种利用水力能同时驱动九磨的水转连磨。除了同时转动九磨之外，还可兼打数碓。"或遇天旱，选于大轮一周列置水筒，昼夜溉田数顷。此一水轮可供数事，其利甚博。"这种一轮可拨九磨，且兼打碓、灌溉功能的水转连磨，是石磨发展史上的一大杰作。石磨发展至此，可算是登峰造极了。

碓

　　碓是由杵臼发展而来的。它是利用杠杆原理将一根长杆装在木架上，杆的一端装着碓头，下面置放一石臼。人踩踏杆的

另一端，碓头即翘起，脚移开碓头即落下舂打谷米。碓发明于
何时，尚无明确记载，但汉代文献多处提到碓。如《急救篇》：
"碓硙扇隤舂簸扬。"《桓子新论》："宓牺之制杵舂，万民以
济，及后人加巧，因延力借身重以践碓，而利十倍杵舂。又复
设机关，用驴骡牛马及役水而舂，其利乃且百倍。"《方言》：
"碓机，陈魏宋楚自关而东谓之梴硙。"孔融《肉刑论》："水碓
之巧，胜于断木掘地。"等等。说明汉代不但已经使用脚碓，
还有畜力带动的畜力碓，并且还发明了用水力驱动的水碓，极
大地提高了生产力。河南、江苏等地的西汉墓中出土过多件木
碓和陶碓模型，推测碓有可能发明于西汉以前。不过碓的盛行
却是在东汉以后，河南、河北、陕西、山西、四川、湖南、湖
北等地的东汉墓中就经常出土陶碓模型（图四五、四六）。从
文献记载得知，水碓在魏晋南北朝时期有较大发展，一是使用
面广，河北、河南、陕西、甘肃各地都推广水碓；二是使用量
大，如《晋书》卷六载："刘颂为河内太守，有公主水碓三十

图四五　东汉陶踏碓模型（河南陕县刘家渠出土）

图四六　东汉踏碓画像砖（四川绵阳出土）

余区。"又"（石崇）水碓有三千余区。"三是有新创造，如东晋《邺中记》："石虎有指南车及司里车，又有舂车木人，及作行碓于车上，车动，则木人踏碓舂，行十里，成米一斛。"东晋傅阳《晋诸公赞》："杜预、元凯作连机水碓，由此洛阳谷米丰贱。"按王祯的解释，这连机水碓就是一个水轮能带动几个碓头，"今人造作水轮，轮轴长可数尺，列贯横木相交，如滚轮之制，水激轮转，则轴间横木间打所排梢，一起一落舂之，即连机碓也"（王祯《农书·利用门》）。至今在南方山区，还可以看到脚碓和水碓的身影。

碾

碾是用于碾脱谷壳、碾粉及精米的加工农具，由碾台、碾槽、碾磙、碾架等构成。碾出现较晚，明代《物原》说："鲁般（班）作砻磨碾子。"但目前未发现魏晋以前的考古实物，最早的是河南省安阳市安阳桥隋墓出土的陶碾[137]。不过《魏书·崔亮传》已提到："奏于张方桥东堰谷水造水碾磨数十区。"

《洛阳伽篮记·景明寺》："碾硙舂簸，皆用水功。"《北齐书·高隆之传》："又凿渠引水，周流城郭，造治碾硙，有利于时。"上述皆是水碾，估计用人力或畜力带动的碾，其历史应更早一些，有可能早到汉代。至唐代，碾的使用更为普遍，各地唐墓时有陶碾出土（图四七）。宋元以后，石碾更成为农村的主要加工农具，一直沿用至今。

（五）农耕技术的创造

至今为止，最早而又最系统、最详细记载我国传统农业生产技术的农学专著是后魏贾思勰的《齐民要术》，在此之前，虽也有些农书，但都很简略，且大多失传，传世的为后人的辑佚。如汉代是我国农业发展史上极为重要的历史阶段，有一系

图四七　唐代陶碾（山西长治王深墓出土）

列发明创造，但却只有《氾胜之书》和《四民月令》两部篇幅不大的农书，且都失传，目前只有后人的辑本，并非全貌，因而对汉代的农业生产技术一直不甚了解。对先秦农业生产技术记载较为完整的是《吕氏春秋·士容论》中的"上农"、"任地"、"辩土"、"审时"四篇文章。再往前只有诸子百家著作中的只言片语以及《诗经》中的若干章句而已。要了解商周时期的农业生产只靠文献是不能解决问题的，更不要说原始社会时期的农业生产了，离开考古完全无能为力。

考古发掘提供给我们大量的实物资料，特别是出土的粮食作物遗存和动物遗骸，让我们得以了解远古先民种植哪些作物和驯养哪些畜禽。而要知道这些作物和畜禽是如何种植和驯养的，就必须研究出土的农业工具、农田遗迹和一些形象材料（如农田模型、画像砖、画像石、壁画等），此外还要参考一些民族学的资料来复原古代（特别是原始社会）农业的生产过程，以探求当时的生产技术。下面我们结合文献简略地介绍一下解放以来有关大田生产技术情况（重点为新石器时代至南北朝时期）的一些考古资料。

1. 整地技术

在20世纪50年代以前，人们对中国原始农业是不大了解的，往往只是以"刀耕火种"、"砍倒烧光"概括之，具体情况知之甚少，以致1959年出版的《中国农学史》专著，完全避开原始农业，只从《诗经》谈起。经过几十年考古资料的积累，人们对原始农业有了较清楚的认识。从原始农具的种类只有整地、收割、加工三类，推测当时的生产过程只有整地、播种、收获、加工四个环节。除了播种可以直接用手以外，整地、收获、加工都要使用工具。从对土地的使用情况看，原始农业可分为火耕（或称刀耕）

农业和耜耕(或称锄耕)农业。火耕农业的特点是生产工具只有石斧、石锛和木棍(耒)或竹竿,用石斧、石锛砍倒树木,晒干后放火焚烧,然后在火烧地上点播或撒播种子。耜耕农业的特点是除石斧、石锛之外,还创造了石耜、石锄等翻土工具,与之相适应,生产技术也由砍倒烧光转到平整土地上来。在一些龙山文化和良渚文化的新石器时代遗址中,还出现了原始石犁,这是新出现的整地农具,可能是用来开沟排灌的。具有典型意义的是90年代在江苏省苏州市草鞋山马家浜文化遗址和湖南省澧县城头山汤家岗文化遗址发现的稻田遗迹,使我们对原始水稻种植情况有了较具体的了解。草鞋山遗址的稻田形状为椭圆形或圆角长方形的浅坑,面积为3～5平方米,个别小的仅有1平方米,最大的达9平方米。稻田东部及北部边缘有"水沟"和"水口"相通,"水沟"尾部有"蓄水井"。城头山遗址的两丘稻田则是长条形,由人工垒筑田埂,田埂间是平整的厚约30厘米的纯净灰色土,表面呈龟裂纹,剖面稻根显露。田边亦有水坑,由水沟连接通向稻田。据原发掘简报报道:"这二丘田均是在比发掘区西部较低的原生土面往下挖出,同时保留田埂部位,待田里耕作土积高到与原生土田埂等齐时,再用人工在原田埂上加高堆垒成新的田埂。"(图四八)[138]

图四八　城头山遗址的古稻田及城墙上的栅栏

这两处稻田遗址的年代都是距今六千多年，表明原始稻作在6000多年前的长江中下游都已比较成熟，已有固定的田块长期种植水稻，除了垦辟田面、修筑田埂之外，还要开挖水井、水塘和水沟，远不是"刀耕火种"的原始状态了，由此亦可了解当时的整地技术已有一定的水平。

商周时期已出现了许多整地农具，除了耒耜之外，还有金属农具锸、镬、锄、犁等，说明当时对整地已相当重视。不过《诗经》提到整地时只说："以我覃耜，俶载南亩。"(《小雅·大田》)"畟畟良耜，俶载南亩。"(《周颂·良耜》)即以耒耜翻地，但未说明要翻耕到什么程度，看来当时尚未提出深耕的要求。商代的甲骨文田字写作囲囲，说明田间已整治得相当规整，沟渠纵横，以防暴雨洪水冲毁农田。古文献谈到夏禹治水的主要措施时总是说他"浚畎浍"(《书·益稷》)、"尽力乎沟洫"(《论语·泰伯》)。修浚沟洫成为当时农田建设中的首要任务。此外《诗经》经常提到"俶载南亩"、"今适南亩"、"南东其亩"、"衡从其亩"，亩就是垄，可见当时除了在农田周围开挖沟渠外，还要在田中翻土起垄，并且根据地形和水流走向，将垄修成南北向(南亩)或东西向("南东其亩"的东亩)，这已是垄作的萌芽了。因而商周时期出现一系列掘土的金属农具绝非偶然。

春秋战国时期对整地已明确要求做到"深耕熟耰"。《庄子·则阳篇》："深其耕而熟耰之，其禾繁以滋。"《孟子·梁惠王上》："深耕易耨"。《韩非子·外储说左上》："耕者且深，耨者熟耘。"即要求深耕之后将土块打得很细，可以减少蒸发，保持土中水分，以达到抗旱保墒、促使增产的目的。深耕的程度要求做到"其深殖之度，阴土必得"(《吕氏春秋·任地》)。即要耕到有底墒的地方，以保证作物根部能接受到地下水分。因此战国时期整地的劳动强度就十分大，需要有更适用的农具，于是铁农具就应运而生，得到推广。原来的木耒这时也装上铁套刃，提高了翻土的功效。原来的木耜这时也装上金属套刃，变成了铜锸和铁锸。铁镢(特别是多齿镢)的出现更是适应深耕的需要。西周时期的垄作萌芽这时已成为一种较为完备的"甽亩法"。甽就是沟，亩就是垄(司马彪《庄子注》："垄上曰亩，垄中曰甽。")。即将田地耕翻成一条条沟垄。据《吕氏春秋·辩土》要求："亩欲广以平，甽欲小以深，下得阴，上得阳，然后咸生。"即垄面较宽而且平坦，沟要开的小而深，既节约土地又易于排涝。其规格按《吕氏春秋·任地》要求，是"以六尺之耜，所以成亩也，其博八寸，所以成甽也"。即垄宽六尺，甽宽八寸。看来，战国时期盛行的铁锄就适于平整垄面，而铁镢则更适于开挖甽沟。实行垄作，可以加深耕土层，提高地温，便于条播，增加通风透光，利于中耕锄草，增强抗旱防涝能力，从而达到提高产量的目的。但开沟起垄，劳动量很大，原有的手工农具就较难适应这一客观要求，人们便开始用牛耕来开沟起垄，所谓"宗庙之牺，为畎亩之勤"(《国语·晋语》)，讲的就是当年在宗庙作为祭祀牺牲的牛，现在用来拉犁开畎(即甽)作亩(即起垄)。可见战国时期牛耕的推广和垄作的整地技术是有密切关系的。

到了汉代，对整地的要求更加严格，除了深耕，还要细锄。西汉农书《氾胜之书》对耕作已明确指出："凡耕之本，在于趣时、和土、务粪泽、早锄、早获。"就是要及时耕作，改良土壤，重视肥料和保墒灌溉，及早中耕，及时收获。东汉王充在《论衡·率性》中也提出"深耕细锄，厚加粪壤，勉致人工，以助地力"的基本要求。都是将农业生产过程作为一个整体，而以整地为田间作业的最重要环节。"深耕细锄"是汉代农业生产对整地的技术要求。山东省滕县黄家岭曾出土过一块东汉耕耱画像石,画面左边有三农夫用锄锄地,中间有一农夫驱一牛一马扶犁耕地,右边又有一农夫驱一牛耱地,正是"深耕细锄"的生动写照(图四九)。值得注意的是画像石右边的耱地画面。耕牛后面拖带的是一种新式农具,叫做耱。这是一根圆形粗木棍,中间安一长木辕,用牛拖动,可将已翻耕的土块耱碎。这道工序在战国叫作耰,当时是用一种长柄的木榔头将土块敲碎。汉代也叫作"摩"。《氾胜之书》在谈到耕地时总是强调"辄平摩其块","凡麦田常以五月耕……谨摩平以待种时"。如此强调摩碎土块,是因为黄河流域的雨水较少,黄土疏松,地里的水分易于蒸发,将土块摩细,可切断土壤中的毛细管作用,防止水分蒸发过快,又可使土壤有良好的结构,有利于种子的发芽和庄稼的生长。这是华北旱地农业中抗旱保墒的最重要的技术措施,在《齐民要术》中有详细的记载,所用的农具就叫做"耱"。因耱是木制的,易于腐朽,因而从未有实物出土,后世无从知道它的具体形象。过去多以为汉代摩地也和战国耰地一样,是用人力敲碎土块。70年代,甘肃省嘉峪关市魏晋墓中出土的画像砖上有耱地图壁画(图五〇),耱的形状才首次出现,它的历史也比《齐民要术》的记载提早了100多年。而滕县黄家岭画像石的发现,又将耱的历史再向前推进了100多年。

北方旱地农业以精耕细作为特征的整地技术,到魏晋南北

图四九　东汉耕耱画像石(山东滕县黄家岭出土)

图五〇　魏晋耱地画像砖(甘肃嘉峪关出土)

朝时期已经趋于成熟,在汉代的耕耱技术基础上形成了一套耕
一耙一耱的技术体系。即在耕地之后,要用耙将土块耙碎,再用
耱将土耱细。耙地工具的具体形状过去不甚清楚,只能根据王
祯《农书》的记载推测为人字耙。但从嘉峪关市魏晋墓壁画上看
到的耙却都是丁字耙,即一根长木辕拖一横木,在横木下装一排
铁齿或者木齿。使用时人要站在耙上以增加重量好将土耙
细。

　　当时南方水田生产中的整地技术缺乏文字记载,一直不太
清楚,旱地作业的耙耱工具也不适于水田。但从考古资料观察,
南方水田也已采用耕耙技术,只是耙的结构和北方不同。广东
省连县西晋永嘉六年墓中出土一件陶水田犁耙模型,上面有农
夫扶耙耙田形象。耙的形状与元明时期的耖类似,上有横把,下
装六齿,是用绳索套在水牛肩上牵引,人以两手按之(图五一)。
广西苍梧县倒水乡南朝墓中出土一件耙田模型。此耙为六齿,
看来也是用绳索牵引的(图五二)。这种耙适于水田耕作,可
将田泥耙得更加软熟平整,以利于水稻的播种和插秧。由此可

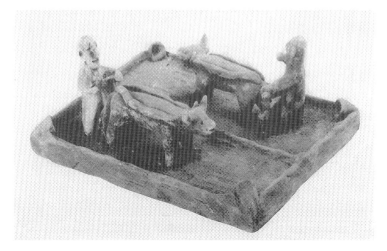

图五一　西晋陶水田犁耙模型(广东连县出土)

见南方的水田作业早已脱离"火耕水耨"的原始状态而走上精耕细作的道路。

唐宋以后,我国北方的旱作农业整地技术一直是继承耕—耙—耱的传统,南方则形成耕—耙—耖技术体系,在生产中都发挥了很大作用。

2.播种技术

原始农业的播种技术比较简单,只有穴播和撒播两种。穴播一般是先用于种植块根、块茎植物,后来才用于播种谷物。撒播则用于播种粮食作物。云南怒江地区的独龙族直到清朝末年还在采用这两种方法来播种谷物:"所种之地,惟以刀伐木,纵火焚烧,用竹锥地成眼,点种苞谷。若种荞麦、稗、黍之类,则只撒种于地,用竹帚扫匀,听其自生自实,名为刀耕火种,无不成熟。"(夏瑚:《怒俅边隘详情》)海南岛黎族将这种方法称为"砍山栏"。

即火耕之后,男子手持尖木棍(木耒)在前面"锥地成眼",妇女紧
跟在后面点种谷物。广西东南部十万大山中的瑶族在山坡上点
播时,也是男子在前边打洞,女子跟在后边点种。考古学家在华
南地区新石器时代早期遗址中还发现一种穿孔石器,据宋兆麟、
周国兴先生研究就是套在点种棒(木耒)上以增加重量的"重
石",用以"锥地成眼",进行穴播[139]。

　　撒播是用手直接抛撒,不可能有考古实物遗留下来。难得
的是湖南省澧县城头山古稻田中有迹象可寻:"在第一期城墙和
最早的文化层之下、生土之上,露出青灰色纯净的静水沉积,有
很强的黏性。参与发掘的村民认为这是稻田土。将这层土表面
整平,现出清楚的因一干一湿而形成的龟裂纹。挖取部分土样,
从中拣选出稻梗和根须,和现在农田中所拔取的比较,简直没有
区别。从局部剖面观察,可以看出一根根往下伸展的根须或留
下的痕迹,可辨识出当时采用的是撒播。"[140]这是到目前为止

图五二　南朝陶耙田模型(广西苍梧倒水出土)

研究原始农业播种技术惟一的考古材料,实在要感谢发掘者的细心观察和详尽记录。

商周时期的播种方法还是以撒播为主。但《诗经·大雅·生民》已有"禾役穟穟"诗句,役即列,就是行列之意,穟穟是形容行列整齐通达之词。联系西周时期田中已有"亩"(垄),推测当时可能已出现条播的萌芽。不过真正推行条播还是在春秋战国时期,当时已认识到撒播的缺点:"既种而无行,茎生而不长,则苗相窃也。"而条播则"茎生有行,故遬(速)长;弱不相害,故遬(速)大"(《吕氏春秋·辩土》)。因而垄作法在战国得到推广,在汉代得到普及。汉代在条播方面的突出成就是发明了播种机械耧犁。东汉崔寔《政论》:"武帝以赵过为搜粟都尉,教民耕殖。其法:三犁共一牛,一人将之,下种、挽耧皆取备焉。日种一顷。至今三辅犹赖其利。"这是一种将开沟和播种结合在一起的农业机械。这一发明早于西方1400年,18世纪传到欧洲,对西方农业机械的改革起了推动作用。赵过是汉代推广"代田法"的主将,史书将耧犁也归在他的名下不是偶然的。代田法的要求之一就是将土地开沟起垄,种子播在沟里,也就是实行条播。赵过为了实行代田法,大力推广开沟起垄的整地机械耦犁,提高工效十几倍,自然就要求改变原来徒手播种的落后技术,采用机械播种。能"日种一顷"的耧犁就是适应当时农业生产的客观需要而发明的。历史将这一功绩和赵过连在一起,也是事出有因的。

汉代在播种技术方面的另一重大成就是水稻的移栽技术。水稻种植一向是采用撒播方式。但至少在东汉就已发明了育秧移栽技术。东汉月令农书《四民月令》中提到:"五月可别稻及蓝。"别稻就是移栽水稻。育秧移栽可以促进稻株分蘖,提高产量,又可节省农田,有利复种,在水稻栽培史上是一重大突破。

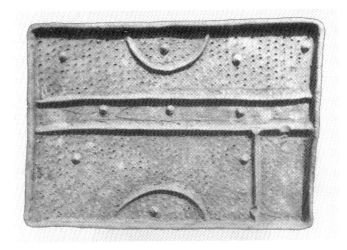

图五三 东汉陶水田模型(四川新津出土)

四川省新津县出土的陶水田模型,田中有行列整齐的秧孔,反映当时已采用移栽技术(图五三)。贵州省兴义市出土的水田模型也刻画出整齐的禾苗形象。广东省佛山市出土的水田附船模型上也有农夫插秧的形象(图五四)。四川省峨眉县出土石刻水田

图五四 东汉水田附船模型(广东佛山出土)

和画像砖上都有农夫耘田的场面,也是采用移栽技术种植水稻以后才能有的景象(图五五)。

魏晋南北朝时期播种的方法也是撒播、条播和点(穴)播三种。条播多用耧车,撒播和点播则是用手,甘肃省嘉峪关市魏晋墓出土的播种画像砖上就有用手播种的形象。据《齐民要术》记载,当时点播中有一种"逐犁掩种"方法,是在用犁耕过后,随即下种,再盖上土,种麦子常用此法,效果较好。嘉峪关魏晋墓出土的画像砖中有一幅耕种图(图五六),画面上有两组人在劳动,

图五五　东汉水塘水田石刻(四川峨眉出土)

图五六 魏晋画像砖耕种图(甘肃嘉峪关出土)

前面一人扶犁耕地,中间一人下种,后面一人驱牛拖耱盖土,可能就是《齐民要术》所记载的"逐犁掩种"的方式。

3.中耕技术

中耕是我国传统农业生产技术体系中的重要环节,国外有的农学家曾把我国的传统农业称之为中耕农业。中耕主要是除草、松土,改善作物的生长环境。原始农业在播种后"听其自生自实",自然没有中耕这一环节。后期可能有除草等作业,主要是靠手工或是一些简单的竹木工具来操作。到了商周时期,中耕技术有了一定的发展,据胡厚宣先生的考证,甲骨文中一些字像是双手在壅土或者是用工具锄地除草,看来商代已有除草和培土技术[141]。《诗经·小雅·甫田》:"今适南亩,或耘或籽,黍稷薿薿。"《毛传》:"耘,除草也。籽,壅本也。"说明至迟在西周时期,人们已认识到除草培土(耘、籽)对作物生长的促进作用,中耕技术确已产生无疑。当时田间的杂草主要是莠和稂,如"维莠骄骄"、"维莠桀桀"(《诗经·齐风·甫田》)、"不稂不莠"(《诗经·小雅·大田》)等。莠是像粟苗的狗尾草,稂是像黍苗的狼尾草,都是旱田农业中的似苗实草的伴生杂草,当时都已能识别并要求清除干净,达到"不稂不莠"的程度,可见对除草工作已很重视。另外还有两种野草是荼、蓼。《诗经·周颂·良耜》:"其镈斯赵,以薅荼蓼。荼蓼朽止,黍稷茂止。"即用锋利的农具镈将苦菜(荼)和蓼属植物(蓼)薅除,荼蓼这些野草腐烂了,黍稷这些粮食作物就得以生长茂盛。可见到了西周时期,不但强调中耕除草,而且已经利用野草来肥田了,这也是一个进步。商周时期出现的钱镈之类的锄草农具就是为这一中耕技术服务的。

中耕锄草在战国时期称为耨。如"深耕易耨"(《孟子·梁惠王上》)、"耨者,熟耘也"(《韩非子·外储说左上》)。垄作技术和条播方法的推行,使中耕除草成为生产中的一个重要环节。当时非常强调中耕,甚至要求做到"五耕五耨,必审以尽",以达到"大草不生,又无螟蜮。今兹美禾,来兹美麦"(《吕氏春秋·任地》)的目的。当时进行耨的工具也叫作耨,是一种短柄的小铁锄。据《吕氏春秋·任地》记载:"耨柄尺,此其度也。其耨六寸,所以间稼也。"耨柄的长度只有一尺,只能是单手执握"蹲行甽亩之中"进行锄草工作。耨的宽度只有六寸,亦可推算当时条播的行距大体不宽于一尺,与"垄宽一尺,沟深一尺"的垄作法也是相符的。战国时期新出现的一种六角形铁锄,体宽而薄,不适于掘土,只能用于中耕锄草。它安装一长柄,人可以双手执握站在田间锄草,既可减轻疲劳,又提高了劳动效率。因刃宽且平,锄草面积大,两肩斜削呈六角形,锄草时双肩不易碰伤庄稼,故特别适于垄作制的要求。因而各地都有出土,并且一直延续使用到汉代。

汉代很强调中耕除草。《氾胜之书》就把"早锄"作为田间管理的重要环节,对各种作物都要求"有草除之,不厌数多"。如"麦生根茂盛,莽锄如宿麦";"豆生布叶,锄之。生五六叶,又锄之";"麻生布叶,锄之"等等。书中又说:"麦生黄色,伤于太稠。稠者锄而稀之。"则中耕不但除草,并有间苗之功。汉代农具中有专门用来锄草的铁锄(如前述的六角形铁锄)。《释名》:"锄,助也,去秽助苗长也。"锄在汉代又写作钼,《说文解字》:"钼,立薅所用也。"都说明锄是专门用来中耕锄草松土的,不同于用来翻土整地的锸、镬等农具。山东省泰安市、河南省南阳市和江苏省泗洪县重岗出土的东汉锄草画像石,以及四川省成都市土桥出土的东汉农作画像石中的锄芋场面都使我们看到了所谓"立薅"的中耕情形(图五七)。至于水田的中耕技术因缺乏文献记

图五七　东汉锄草画像石(四川成都土桥出土)

载,只有从出土文物中去寻觅。四川省峨眉县出土的东汉水塘水田石刻模型,右下角刻有两个农夫伏在田中用手耘田的形象,说明当时水稻已采取育秧移栽技术,田中有行距,人才可以下去除草。手耘非常辛苦,但是除草很彻底,通常是将草拔起来再塞进泥中,腐烂后可以肥田,这是用其他工具中耕难以做到的。另一种方式是脚耘。如四川省新都县出土的东汉薅秧画像砖,左半部就有农夫在脚耘的情景(图五八)。脚耘就是用脚趾扒烂稻田泥土,将田中杂草踩入泥中,使之腐烂。脚耘的质量稍逊于手耘(主要是不便于拔草,只能踩草,有时野草可能复活)却高于用其他工具耘禾。脚耘速度较慢,久立容易疲劳,故需扶根竹棍以

图五八　东汉薅秧画像砖(四川新都出土)

便于站立,又可减轻疲劳。这种耘田方式今天在南方的一些农村中还可见到。大体上是初耘时伏地用手爬耘,清除田中杂草;二耘、三耘时因稻苗长高,会刺着胸腹,故不能再伏地爬耘,必须站立改用脚耘。因为劳动强度大,速度较慢,今天也只在一些人多地少实行精耕细作的地区采用。

魏晋南北朝时期的中耕技术主要是继承汉代,更强调多锄、深锄、锄早、锄小、锄了。《齐民要术》中有详细的记载,并指出中耕的好处除了除草之外,还可以熟化土壤,增加产量:"锄者,非止除草,乃地熟而实多。"(《种谷第三》)"锄麦,倍收,皮薄、面多"(《种麦第十》)。中耕还有防旱保墒的作用:"锄耨以时。谚曰:'锄头三寸泽。'"(《杂说》)在锄草方式上,除人工外,还使用畜力牵引中耕农机具。河南省渑池县窖藏铁器中有一种从未见于记载的双柄铁犁,犁头呈 V 字形,没有任何磨损痕迹,套上 V 形铧冠正合适,两翼端向上伸一直柄,应是安装木柄扶手供操作的。柄上可能连接双辕或者系绳,以牛或人为动力进行牵引。此犁不宜耕翻田地,只适于在禾苗行间穿过,松土除草,有利保墒,可称之为耘犁,类似后来的耧锄[142]。

4. 灌溉技术

原始农业是"听其自生自实",本没有什么灌溉可言。在考古发掘中至今也没有发现北方旱地农业中的灌溉设施,因此对当时的灌溉技术难下断言。但近年来草鞋山和城头山等地古稻田遗址的发现,却使人们对南方原始稻作农业的灌溉措施有了全新的认识。草鞋山遗址发现了新石器时代马家浜文化时期的稻田遗址,据发掘者报告:"根据发现层位上下区别的水田结构形态的不同,可以分成时期先后的三种类型。早期:不规则形状的自然洼地形成的畦田,尚未形成明显的水利灌溉系统。中期:

人工开挖的小面积条状分部的椭圆浅坑畦田,田块之间有水口相通,专设的水沟和蓄水井坑为主体的蓄灌设施已经形成,并有一定的规模和格式。后期:以方形蓄水塘为中心的灌排设施开始出现,浅坑形畦田围绕水塘分布,田块之间有水口或浅沟形成水路串联。从中可以看出,早期到后期的发展过程是当时的耕植方式由自然种植向人工的规模型耕作方式演进的过程,从中还可以窥见中国历史时期的稻作生产,例如整地和田间管理中灌溉系统的雏形。由此将使我们对于长江下游太湖平原史前稻作农业的发展程度作出新的科学评估。"[143] 从上述早、中、晚三期水田的发展历程可以看出:早期的水田是对自然低洼地的利用,尚未考虑给水、排水的需要,处于一种纯粹靠天蓄水的原始栽培阶段。中期与晚期的水田已有目的的开挖相互有微落差的水田,依次用水口串联成带状,并与水井、水塘、水路等设施配套使用。其结构上有如下功能:(1)在雨量充沛的条件下,小水池状田块有利于田内蓄水。(2)在自然水源不足的情况下,小水池状田块便于人力取水注入。中期的水井和晚期的水塘都可起到蓄水供水的作用。从规模效益来看,水塘的功能大大超过了水井,而且水塘除了可供蓄水用于田中缺水时救急之外,尚可在多水季节具有一定泄涝功能,这在当时的稻作生产过程中无疑是一巨大的进步[144]。城头山遗址则在大体同一时期属于新石器时代汤家岗文化的文化层中,发现了与水稻田配套的原始灌溉系统,有水坑和水沟。在稻田之西高于稻田的原生土层,发现三个水坑(坑径 1.2~1.5 米左右),并发现了由西南向东北注入水坑的三条小水沟,均是与稻田配套的灌溉设施[145]。由此可见,早在六千多年前,中国的南方稻作农业中就已出现了原始灌溉技术,并有了一定规模的灌溉设施,这是很了不起的成就,它也表明商周时期的灌溉技术并非无源之水。

　　商周时期的灌排系统主要是在农田之间挖掘很多沟渠，称之为沟洫。相传大禹治水时是"浚畎浍距川"、"尽力乎沟洫"。周代的沟洫已有一定的规模，分为旱田和水田两个系统。旱田的沟洫是宽六尺、长六百尺为一亩田，亩与亩之间挖有深、广各一尺的的畎；百亩之田为一夫，夫与夫之间挖有深、广各二尺的遂；九夫为一井，井方一里，井与井之间挖有深、广各四尺的沟；地方十里为成，成与成之间挖有深、广各八尺的洫；地方百里为同，同与同之间挖广二寻、深二仞的浍。同时利用开挖沟洫取出的土料修筑相应的径涂道路，做到"遂上有径"、"沟上有畛"、"洫上有涂"、"浍上有道"、"川上有路"（《周礼·遂人》、《考工记·匠人》）。当然，实际情况不可能都这么整齐划一，但我们从甲骨文的田字结构（田、囲）多少也能想象到当时田野中沟洫纵横交错的情况。根据《周礼·稻人》记载，水田的沟洫则设有蓄水的"潴"（陂泽）、拦水的"防"（堤岸）、放水的"沟"（干渠）、配水的"遂"（支渠）、关水的"列"（田埂）和排水的"浍"（排水沟）。它没有旱田沟洫那样的严格要求，这是因为北方旱田多在黄土平原上，开挖沟洫容易统一规划，南方水田则需根据自然条件因地制宜。实际上水田的沟洫是灌排兼用，而旱田的沟洫则是以排水为主，这是因为黄河流域70%左右的降雨量集中在七、八、九三个月，往往暴雨成灾，而这时庄稼已快成熟，并不需要多少雨水，如果没有迅速排水的沟洫系统，农田就会被冲毁。所以上述从每亩之间的畎到百里为同之间的浍，越来越宽、越深，就是为了迅速排水而设计的。但商周时期也重视灌溉，《诗经》中经常提到泉水，如"观其流泉"（《大雅·公刘》）、"我思肥泉"（《邶风·泉水》）等等，说明已经利用泉水灌溉。《诗经·小雅·白华》："滤池北流，浸彼稻田。"滤池在今陕西咸阳市南面，是滤水之源，北流经镐京（今陕西西安南郊）入渭水。说明当时已利用滤池的流水灌溉稻田，掌握了一定的引水灌溉技术。显然，沟洫灌排系统的修建，需要开挖大量的土方，劳动量非常大，迫切需要改进原有简陋的竹木石器等掘土工具，促进了如铜锸、铜镢之类的新兴掘土农具的产生，或者说金属掘土农具的出现使沟洫工程得以迅速推行。

春秋战国时期是我国古代农田水利大发展时期，灌溉已被视为农业生产的当务之急。《荀子·王制》明确提出农业生产的首要任务就是"修理梁（修堤堰），通沟浍（开挖水渠），行水潦（疏通水道），安水臧（蓄贮水流）"。当时还修建了一批直接用于农业生产的灌溉工程，著名的有安徽寿县的芍陂、河北邺县的西门豹渠、四川灌县的都江堰和陕西关中的郑国渠等。这些水利工程以及上述水田沟洫设施主要是利用地表水流来灌溉农田。对于地下水的利用则是靠井灌。井灌主要是利用园圃中的井水灌溉蔬菜，原来是人工用瓶罐从井中取水，后来发明了提水机械桔槔。《庄子·天地》："子贡南游于楚，反于晋，过汉阴，见一丈人方将为圃畦，凿隧而入井，抱瓮而出灌。搰搰然用力甚多而见功寡。子贡曰：'有械于此，一日浸百畦，用力甚寡而见功多，夫子不欲乎？'为圃者仰而视之曰：'奈何？'曰：'凿木为机，后重前轻，挈水若抽，数如泆汤，其名曰槔。'"《庄子·天运》亦说："子独不见夫桔槔者乎？引之则俯，舍之则仰。"成书于西汉的《说苑·反质》中也记载："卫有五丈夫，俱负缶而入井灌韭，终日一区。邓析过，下车，为教之曰：'为机重其后，轻其前，名曰桥，终日溉韭百区不

倦.'"桥即桔槔两字的合音。桔槔是利用杠杆原理以减轻劳动
强度的提水机械,比手工抱瓮而汲要提高百倍功效,至今尚在一
些农村中使用。邓析是春秋时人,庄子为战国后期人,看来战国
时期桔槔还不是普遍使用,可能到汉代才得以普及。目前有关
桔槔的考古资料都是汉代画像石中的桔槔图。如山东省嘉祥县
武氏祠画像石中的桔槔图(图五九)。虽是东汉的文物,但可能
与战国的桔槔相差不大,可使我们了解早期桔槔的具体形状。

　　汉代的农田水利有很大发展。汉武帝对水利相当重视,曾
说:"农,天下之本也,泉流灌浸,所以育五谷也。"提倡"通
沟溪,蓄陂泽"以"备旱",于是出现全国"争言水利"的局
面。关中平原"举锸为云,决渠为雨",修建了一大批大型水

图五九　东汉画像石桔槔图（山东嘉祥武氏祠石刻）

利工程。丘陵山地和南方地区则兴建陂塘坝堰等小型水利设施,"陂山通导者,不可胜言"(《汉书·沟洫志》)。陕西、四川、贵州和云南等地的东汉墓中经常出土一些水塘水田模型,往往一边是陂塘,一边是水田,中间设闸门以调节水量,是研究汉代水利灌溉技术的珍贵实物资料。如前述四川省峨眉县出土的水田水塘石刻模型,右边为水塘,塘边岸上有缺口,可将塘水引入田中,再通过田边另一缺口流入另一块田中。四川省宜宾市出土的一件陶水田模型也有类似情形:模型左边是鱼塘和水塘,水塘右边堤岸上有个缺口,水经过缺口流进右上边的第一块小田,又通过小田田塍上的缺口将水引进第二块田里,再通过右边田塍上的缺口流进第三块田里。这样,经过阳光照射,田中的水温就会逐渐升高,有利于水稻的生长。这种方法在现代江南农村里称为串灌,与《氾胜之书》所说的"始种,稻欲温,温者,缺其塍,令水道相直。夏至后,大热,令水道错"很相似(图六○)。另一种方法是将水引进田中的水沟,再从沟中将水引进田里。如四川省新津市出土的陶水田模型,就是先将水引进沟中(在沟中还可养鱼),再从沟中将水引进田中,又回灌左边大田,水灌满之后就将田塍上的缺口堵上,肥水不易流失(图五三)。这种方法叫作沟灌,与《氾胜之书》所说的"夏至后,大热,令水道错"相似。汉代也采用井灌的方式来浇灌园圃中的蔬菜。河南省淮阳县于庄西汉墓中出土的一座陶院落,为我们提供了难得的研究对象。该院落左侧部分为一农田模型,实际上应是种植蔬菜的园圃。菜园中间为一水井,水井右边为水浇地,地中有一水沟可将井水引向沟两边的菜地中。水井左边为旱地,地中有长条形的垄沟和长方形的畦,作物种在沟中和畦上(图六一、六二)。浇灌时,从井中提

图六〇　东汉陶水田模型（四川宜宾出土）

取井水直接倒在水沟中，水流顺着水沟两边的缺口流进菜地中。至于如何从水井中汲水，取决于井水的深浅。井水较浅，可用桔槔汲水。如井水太深，桔槔够不着，就用滑轮来提取。滑轮在汉代也称辘轳，王褒《僮约》有"削治鹿卢"句，鹿卢就是辘轳。四川出土汉代画像砖上的盐井图中就有利用滑轮提取井盐的画面，山东省微山县出土的画像石和诸城县孙琮墓画

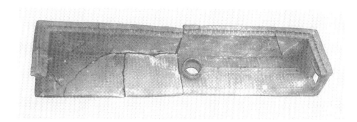

图六一　西汉陶园圃模型菜园部分，中为水井（河南淮阳于庄出土）

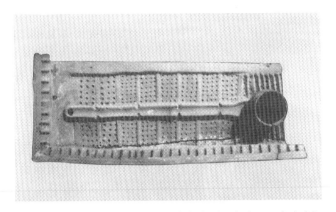

图六二　西汉陶园圃模型水浇地部分（河南淮阳于庄出土）

像石上都有滑轮提水的画面。各地汉墓中经常有陶水井出土，有的井架上还带着滑轮。大约在东汉末期，发明了提水功效更高的灌溉机械翻车。《后汉书·张让传》："又使掖庭令毕岚铸铜人……又作翻车、渴乌，施于桥西，用洒北郊路。"《三国志·魏书·杜夔传》："扶风马钧，巧思绝世。……居京都，城内有坡可为圃，患无水以灌之。乃作翻车，令儿童转之而灌水自覆，更入更出，其巧百倍于常。"翻车就是现在农村还在使用的手摇水车，一直是农村主要的灌溉农具，在生产中发挥着重要作用，也是我国灌溉机械史上的一项重大成就。

5.收获技术

在原始农业生产中，因种植作物不同，其收获方法及使用的工具也不相同。收获块根和块茎作物时，除了用手直接拔取外，主要是使用尖头木棍（木耒）或骨铲、鹿角锄等工具挖取。收获谷物时则是用石刀和石镰之类的收割工具来收割。不过根据民族学的资料，人们最初也是用手拔取或摘取谷穗。如云南省金平县的苦聪人收获旱谷时，多数仍然用手折下谷穗。西盟佤族在使用镰刀以前，收获的方法是把谷穗拔起来或掐断。怒族老人追忆，最初收旱稻是用手捋下穗上的子粒放进背篓里[146]。台湾高山族也长期用手收获谷物，陈第《东番记》记载明代台南的高山族"无水田，治畲种禾，花开则耕，禾熟拔其穗"。明末清初郑成功进入台湾时，所看到的情况仍然是这样，收割时"逐穗拔取，不知钩镰之便"（杨英《从征实录》）。六十七所著的《台海采风图考》中也记载"番稻七月成熟，……男女同往，以手摘取，不用铚镰"。可以推想，原始农业时期最古老的谷物收获方法是用手摘取的。后来，当人们使用工具来代替手工之时，当然也会沿袭这个习惯。所以，最早的收割工具石刀和蚌刀等都是用来割取谷穗的。许多石刀和蚌刀两边打有缺口，便于绑绳以套在手掌中使用，晚期的石刀和蚌刀钻有单孔或双孔，系上绳子套进中指握在手中割取谷穗，不易脱落。商周以后的铜铚仍继承这一特点，一直沿用到战国时期。

至少在 8000 年前，石镰就已经出现。像裴李岗遗址的石镰就制作得相当精致，其形状与后世的镰刀颇为相似。从民族学的材料得知，一些使用铁镰的少数民族也是用它来割取谷穗的。如西藏墨脱县的门巴族收获水稻和旱稻时，是用月牙形的小镰刀一穗一穗割下来放在背篮里，稻草则在地里晒干后烧掉作为来年的肥料。海南岛有些地方的黎族，直到现在仍使用铁镰割取稻穗，然后将它们集中挂在晒架上晒干，需要时再加工脱粒。稻草留在田里，需要时用镰刀割取，不需要时就烧掉做肥料。因此推测原始农业时期，先民们使用石镰、蚌镰只是割取谷穗，而不会连秆收割。这是因为当时禾谷类作物驯化未久，成熟期不一致，仍然保留着比较容易脱落的野生性状，用割穗的方法可以一手握住谷穗，一手持镰割锯谷茎，这样可避免成熟谷粒脱落而造成损失。同时，当时的谷物都是采用撒播方式播种的，用手抓不到几根植株，要连秆一起收割庄稼是极为困难的。即使是已经使用金属镰刀的商周时期，也仍然是用这种方法收获庄稼的。甚至晚到汉代，还保留着这种习惯。如我们从四川省成都市凤凰山出土的东汉渔猎收获画像砖下半部分可以看到这种场面（图六三），画面左边的三人正在割取稻穗，捆扎成束。最左边一人将已扎好的稻穗挑走。右边的两人则高举一种大镰刀在砍割已经割掉稻穗的禾秸（如不需要稻

图六三　东汉渔猎收获画像砖（四川成都凤凰山出土）

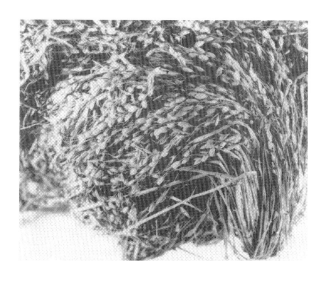

图六四 西汉古稻穗（湖北江陵凤凰山出土）

草，则将它留在田中，任其干枯，来年春天就可"烧草下水种
稻"了）。这种方法一来是沿袭古老的用铚割穗的传统习惯；
二来适于在撒播的稻田里使用，可及时抢收，减少损失；三来
可减轻运输过程中的劳动强度。不过，汉代已实行育秧移栽技
术，田中已有株行距，水稻品种也远离野生状态，再加上铁农
具的普及，铁镰已非常轻巧锋利，为连秆收割技术的运用打下
了基础。而适于割取谷穗的铚，则被镰刀所淘汰。湖北省江
陵县凤凰山西汉墓曾出土过四束古稻，是连秆割下的。这说明
至少在西汉时期，有些地方已经采用连秆收割的方法（图六
四），此后就逐渐成为主流。我们在甘肃省的唐代壁画中所看
到的一些收获场面，就是用镰刀直接收割谷物秸秆的。

6. 脱粒加工技术

人类最早的脱粒技术,难以从考古发掘中获得实物证据,但从民族学的材料中可以得到启示。先民们最早的脱粒方法是用手搓,如澳大利亚土著居民大多是用手搓的方法对采集来的植物穗子进行脱粒。相信在原始农业萌芽时期,人们也是这样做的。稍后则用脚踩的方法进行脱粒。我国西南地区的许多少数民族就是用手搓脚踩的办法使谷穗脱粒的。如云南的布朗族人把收割回来的谷穗曝晒几日,然后在地上铺一篾笆,把晒干了的谷穗置于其上,旁栽一木桩,男女手扶木桩,双脚搓踩脱粒。西藏墨脱县门巴族则是把谷穗放在石板上脚踩手搓。云南西盟佤族所用脚踩手搓的脱粒习惯一直延续至今。此外,云南的独龙族、怒族和傈僳族,西藏的珞巴族等都是用脚踩或手搓来脱粒的。稍后,人们用木棍来敲打谷穗,使之脱粒。如怒族、傈僳族、西盟佤族和门巴族等,解放前都是脚踩和棍打同时使用的。门巴族还敲打水稻。这种方法可以说是连枷脱粒的前身。怒族在收获玉米后,在地上挖一浅坑,铺上麻布毯,放上玉米穗,周围用麻布毯子围起,然后用木棍敲打。如收获量少,可放在有眼的箩筐里,围上衣服或麻布毯,用棍子来舂。这又可说是杵臼的前身了。由于木棍易于腐朽,难以在考古发掘中发现实物,即使有木棍出土,也无法断定就一定是用来脱粒的。同样,连枷的使用已见于春秋战国时期的文献,其发明年代应当更早,也因为竹木不易保存,难以从考古发掘中取得证明。

目前考古发掘中能够确认的脱粒加工农具是杵臼和磨盘。如河姆渡遗址出土的木杵和裴李岗遗址出土的石磨盘都有七八千年的历史。石磨盘是谷物去壳碎粒的工具,杵臼则兼有脱粒和去壳碎粒的功能,因而杵臼的历史似乎应该更早一些。有些少数民族历史上甚至没有使用过石磨盘,而一直是用杵舂。最原始的就是地臼。如苦聪族人在屋角地上挖一个坑，以兽皮或旧布作垫，用木杵舂砸采集来的谷物。西盟佤族原先并没有木碓，只是在地上挖一个坑用麻布或兽皮垫上，用木棍舂打。也有用布将谷物包起来后用木棍敲打的。海南岛的黎族，解放初期还有不少人把带穗的旱稻放进木臼中，手持木杵舂打，脱粒与去壳同时进行。独龙族人和苦聪族人脱粒小米和稗子时，也是带穗舂的。《续修台湾府志》记载清代高山族加工谷物的情况是："番无碾米之具，以大木为臼，直木为杵，带穗舂。"可见，将谷物脱粒与加工合而为一的"带穗舂"，是一种相当原始的加工方法。继木臼之后，至少大约在 7000 年前出现了石杵臼。各地新石器时代晚期遗址都出土了不少石杵臼，其加工谷物的工效当较木杵臼要高。商周时期，石杵臼仍然是主要的加工农具。杵臼一直使用到西汉才有了突破性创造，即发明了利用杠杆原理的踏碓和利用畜力、水力驱动的畜力碓和水碓。但是手工操作的杵臼并未消失，而是长期在农村使用，具有很强的生命力。

专门用来去壳碎粒的工具是石磨盘，其历史可追溯到旧石器时代晚期的采集经济时代。原始的石磨盘只是两块大小不同的天然石块。它的使用方法应该和一些少数民族使用石磨盘的方法相同。如云南独龙族的原始石磨谷器叫作"色达"，它由两块未经加工的天然石块组成，一块较大，一般长约 50 厘米，宽约 30 多厘米，厚约 7 厘米。另一块较小，是直径 10 厘米左右的椭圆形或圆形的鹅卵石。使用时，下置簸箕，大石块放在簸箕上，一端用小木墩或石头垫起，使之倾斜，人跪在簸箕前，把谷粒放在石块上，双手执鹅卵石碾磨，利用石板的倾斜度，使磨碎的谷粒自行落在簸箕上。澳大利亚土著妇女们把采集来的少量种子收拾干净后，就放在由一块大而扁的石头和一块小而圆的石头组成的"碾谷器"上去壳、碾碎，然后再加工成饼子一类食物[147]。从考古材料看，至少在8000年前，石磨盘就已经制作得相当精致了（如裴李岗遗址的石磨盘），其加工谷物的技术和功效当也达到很高的水平。

石磨盘的去壳和碎粒功能以后向两个方面发展。去壳功能发展为砻和碾，专门用于谷物脱壳。最早的文献记载是《淮南子·说林训》："舌之与齿，孰先砻也。"《说文解字》："砻，䃺也。从石龙声。"砻的形状如石磨，亦由上下两扇组成。砻盘工作面排有密齿，用于破谷取米。砻有木砻和土砻两种。木砻用木材制成，土砻砻盘是在竹篾或柳条编成的筐中填以黏土，并镶以竹、木齿。稻谷从上扇的孔眼中倒入，转动上扇的砻盘即可破谷而不损米。考古发现中有关砻的最早资料是江苏省泗洪县重岗东汉墓出土的画像石"粮食加工图"，上面有妇女推砻的场面。另一种去壳的农具就是碾，目前文献记载最早见于《魏书·崔亮传》，考古实物最早见于隋墓出土的陶碾模型。碾盛行于唐宋，并出现水碾的加工机械。继承了石磨盘的碎粒功能的旋转型石磨出现于战国时期，在汉代得到很大的发展。它可将谷物磨成粉末，将小麦磨成面粉，将大豆磨成豆浆，使得中国谷物食用方式由粒食转变为面食，也促进了小麦和大豆的广泛种植。旋转型石磨一直是我国广大农村最重要的加工农具，长期盛行不衰。

谷物在脱粒和去壳之后，需要扬弃谷壳糠秕杂物。最原始的办法当是用手捧口吹，而后才懂得借助风力。云南省西盟佤族在用脚踩手搓脱粒之后，不用簸箕簸扬，而是由一人把谷物从上向下慢慢倾倒，另一人执笋叶扎成的"扇子"左右反复扇

动，把秕谷和灰尘扬走[148]。用簸箕来簸扬可能较晚，但《诗
经》已有"或舂或揄，或簸或扬"（《大雅·生民》）、"维南有
箕，不可以簸扬"（《大雅·大东》）等诗句。《说文解字》："簸，
扬米去糠也。"说明商周时期已普遍使用，也许其前身可以追
溯到新石器时代晚期，如江南良渚文化遗址中出土的一些竹编
器，其中说不定就有原始簸箕的残骸。但簸箕簸扬的谷物数量
有限，对堆积在晒谷场上的大量谷物就需使用如木锨、木权、
飏篮之类的扬场器具。西汉史游《急就篇》提到："碓、磑、
扇、隤、舂、簸、扬。"已指明簸与扬是两种净谷方法，其使
用的器具当也不同。木锨类似木制的铲子，只是更为轻巧（也
有用竹制成，称之为竹扬锨）。木权是一种木制的多齿权。飏
篮则是用竹子编制的，形如簸箕而小一些，前有木舌，后有木
柄。庄稼收获之后，在场圃脱粒晒干，再用这些工具铲起谷物
迎风掷之，借风力吹走糠秕杂物，可得净谷。我们在甘肃省嘉
峪关市魏晋墓的壁画上可以看到持木权扬场的情景（图六五）。

图六五　魏晋壁画扬场图（甘肃嘉峪关出土）

在甘肃省安西县榆林窟 20 窟壁画中也可看到用飏篮扬谷的情景。至于使用风扇车来净谷的历史，从河南、山西、山东等地出土的汉代风扇车模型判断，当不会晚于西汉时期。风扇车的发明，标志扬弃糠秕杂物的作业已不再仅凭手工，而是开始采用结构较为复杂的农机具，比之箕播权扬，"其功多倍"，是一突破性的成就。

注　释

[1] 森本和男：《农耕起源论谱系》（续），《农业考古》1989 年第 2 期。

[2] 陈淳：《稻作、旱地农业与中华远古文明发展轨迹》，《农业考古》1997 年第 3 期。

[3] 见《农业考古》2000 年第 1 期。

[4] 何炳棣：《黄土与中国农业的起源》，香港中文大学，1979 年。

[5] 恩格斯：《家庭、私有制和国家的起源》第 23 页，人民出版社，1972 年。

[6] 李根蟠、黄崇岳、卢勋：《试论我国原始农业的产生和发展》，《中国古代社会经济史论丛》第一辑，山西人民出版社，1980 年。

[7] 李根蟠、黄崇岳、卢勋：《再论我国原始农业的起源》，《中国农业》1981 年第 1 期。

[8] 童恩正：《中国南方农业的起源及其特征》，《农业考古》1989 年第 2 期。

[9] 严文明：《再论中国稻作的起源》，《农业考古》1989 年第 2 期。

[10] 陈淳：《稻作、旱地农业与中华远古文明发展轨迹》，《农业考古》1997 年第 3 期。

[11] 童恩正：《中国南方农业的起源及其特征》，《农业考古》1989 年第 2 期。

[12] 丁颖：《中国稻作的起源》，中山大学农学院《农艺专刊》1949 年第七号。

[13] 丁颖：《中国栽培稻种的起源及其演变》，《农业学报》1957 年 8 卷第 3 期。

[14] 童恩正：《略述东南亚及中国南部农业起源的若干问题》，《农业考古》1984 年第 2 期。

[15] 李润权：《试论我国稻作的起源》，《农史研究》第五辑，农业出版社，1985 年。按：在李润权先生文章发表 10 年之后，江西省万年县仙人洞遗址发现了距今 1 万年左右的水稻植硅石。在靠近广西边境的湖南省道县玉蟾岩遗

址发现了距今 1 万年左右的稻谷标本。在广东省英德市牛栏洞也发现了 1 万年前的水稻植硅石。这些新的考古资料证实了李润权先生当年的预测是颇有远见的。

[16] 裴安平：《彭头山文化的稻作遗存与中国史前稻作农业》，《农业考古》1989 年第 2 期。

[17] 裴安平：《彭头山文化的稻作遗存与中国史前稻作农业再探》，《农业考古》1998 年第 1 期。

[18] 渡部忠世：《稻米之路》第八章，云南人民出版社，1982 年。

[19] 见张德慈致《农业考古》编辑部的信，刊登于《农业考古》1983 年第 2 期 342 页。

[20] 游修龄先生的观点见于《太湖地区稻作起源及其传播和发展问题》，载《太湖地区农史论文集》第一辑（1985 年）。汪宁生先生观点见于《远古时期的云南稻谷栽培》，载《思想战线》1977 年第 1 期。李昆声先生的观点见于《云南在亚洲栽培稻起源研究中的地位》，载《云南社会科学》1981 年第 1 期。

[21] 闵宗殿：《水稻考古》，《遗传与育种》1978 年第 5 期；《我国栽培稻起源的探讨》，《江苏农业科学》1979 年第 1 期。

[22] 严文明：《中国稻作农业的起源》，《农业考古》1982 年第 1、2 期。

[23] 杨式挺：《从考古发现试探我国栽培稻的起源演变及其传播》，《农史研究》第 2 辑，农业出版社，1982 年。

[24] 分别见向安强：《论长江中游新石器时代早期遗存的农业》，《农业考古》1991 年第 1 期；刘志一：《关于稻作起源的通讯》，《农业考古》1994 年第 3 期；卫斯：《关于中国稻作起源地问题的再探讨——兼论中国稻作起源于长江中游说》，《中国农史》1996 年第 3 期。

[25] 李江浙：《大费育稻考》，《农业考古》1986 年第 2 期。

[26] 王象坤：《中国栽培稻起源研究的现状与展望》，《农业考古》1998 年第 1 期。

[27] 游修龄：《农史研究的方法问题》，《中国农史》1988 年第 1 期。

[28] 游修龄：《太湖地区稻作起源及其传播和发展问题》，《太湖地区农史论文集》第一辑，1985 年。

[29] 冈彦一：《水稻进化遗传学》，《中国水稻研究所丛刊之四》，中国水稻研究所，1985 年。

[30] 严文明：《中国稻作农业的起源》，《农业考古》1982 年第 1、2 期。

[31] 安志敏：《长江下游史前文化对海东的影响》，《考古》1984 年第 5 期。

[32] 严文明：《再论中国稻作农业的起源》，《农业考古》1989 年第 2 期。

[33] 见《农业考古》1993 年第 3 期 187 页。

[34] 谷建祥、邹厚本等：《对草鞋山遗址马家浜文化时期稻作农业的初步认识》，《东南文化》1998 年第 3 期。

[35] 湖南省考古研究所：《澧县城头山古城址 1997—1998 年发掘简报》，《文物》1999 年第 6 期。

[36] 李根蟠、黄崇岳、卢勋：《原始畜牧业起源和发展若干问题的探索》，《农史研究》第五辑，农业出版社，1985 年；李根蟠、卢勋：《中国南方少数民族原始农业形态》，农业出版社，1987 年。

[37] 安志敏：《中国稻作文化的起源和东传》，《文物》1999 年第 2 期。

[38] 同注 [37]。

[39] 林春等：《城背溪·彭头山文化和中国早期稻作农业》，《农业考古》1993 年第 1 期。

[40] 裴安平：《彭头山文化的稻作遗存与中国史前稻作农业》，《农业考古》1989 年第 2 期。

[41] 张居中等：《舞阳史前稻作遗存与黄淮地区史前农业》，《农业考古》1994 年第 1 期。

[42] 何介钧：《长江中游原始文化再论》，《湖南先秦考古研究》，岳麓书社，1996 年。

[43] 同注 [42]。又见《玉蟾岩获水稻起源重要新物证》，《中国文物报》1996 年 3 月 3 日。

[44] 玉蟾岩的年代另一说为距今 22000 年至 18000 年，见《文物》1999 年第 2 期 66 页。

[45] 赵志军：《稻谷起源的新证据》，《农业考古》1998 年第 1 期；简·利比：《跨学科研究稻作农业的起源》，《农业考古》1998 年第 1 期。

[46] 英德市博物馆：《英德云岭牛栏洞遗址》，《英德史前考古报告》95 页，广东人民出版社，1999 年。

[47] 陈文华：《中国农业考古图录》27 页，江西科学技术出版社，1994 年。

[48] 见《师大月刊》1935 年第 3 期，兼见《农业考古》1982 年第 2 期 57 页。

[49] 见《燕京学报》1949 年，36 卷 263～311 页；《燕京社会科学》1949 年 2 卷 36～53 页。

[50] 见《考古》1960 年第 3 期 9～12 页，《考古学报》1957 年第 1 期 1～8 页。

[51] 见《考古通讯》1955 年第 3 期 15 页，《考古》1959 年第 2 期 73 页。

[52] 见《考古》1962 年第 6 期 292～295 页，《考古》1961 年第 4 期 175～178 页，《考古》1961 年第 11 期 609～610 页。

[53] 佟伟华：《磁山遗址的原始农业遗存及其相关问题》，《农业考古》1984 年第 1 期。

[54] 见《考古》1983 年 12 期 1065 页，《考古学报》1984 年第 1 期 45 页。

[55] 陈文华：《中国农业考古图录》29 页，江西科学技术出版社，1994 年。

[56] 同注〔55〕28 页。

[57] 何双全：《甘肃先秦农业考古概述》，《农业考古》1987 年第 1 期。

[58] 同注〔55〕36 页。

[59] 条田统：《五谷的起源》，日本《自然和文化》1955 年第 2 号。

[60] 陈恩志：《中国六倍体普通小麦独立起源说》，《农业考古》1989 年第 1 期。

[61] 安志敏：《中国史前时期之农业》，《中国新石器时代论集》第 257 页，文物出版社，1982 年。

[62] 杨建芳：《安徽钓鱼台出土小麦年代商榷》，《考古》1963 年第 11 期。

[63] 巴里坤小麦见《考古》1963 年第 1 期 122 页，孔雀河小麦见《农业考古》1983 年 1 期 10 页、122 页，哈密五堡大麦见《农业考古》1989 年第 1 期王炳华等人的文章：《新疆哈密五堡古墓出土大麦研究》）。

[64] 李璠：《甘肃省民乐县东灰山新石器遗址古农业遗存新发现》，《农业考古》1989 年第 1 期。

[65] 见张华：《博物志》。

[66] 李长年：《农业史话》，上海科学技术出版社，1981 年；李毓芳：《浅谈我国高粱的栽培时代》，《农业考古》1986 年第 1 期。

[67] 缪启愉：《‘粱’是什么》，《农业考古》1986 年第 1 期。

[68] 郑州市博物馆：《郑州大河村遗址发掘报告》，《考古学报》1979 年第 3 期。

[69] 黄其煦：《“灰像法”在考古学中的应用》，《考古》1982 年第 4 期。

[70] （日本）天野元之助：《中国农业史研究》第 23 页，1979 年。

[71] 滕州的野大豆粒见《考古》1999 年第 7 期 60 页；案板豆粒见《考古与文物》1988 年第 5、6 期合刊 213 页；其余见陈文华：《中国农业考古图录》55、56 页，江西科学技术出版社，1994 年。

[72] 万国鼎：《氾胜之书辑释》134 页，农业出版社，1963 年。

[73] 同注〔55〕56 页。

[74] 见《考古》1984 年第 7 期 654 页。

[75] 胡家屋场的莲实见《考古学报》1993 年第 2 期 197 页。八十垱的菱角、莲子和芡实见《中国文物报》1998 年 2 月 8 日。其余见陈文华：《中国农业考古图录》94 页、96 页、111 页，江西科学技术出版社，1994 年。

[76] 中国科学院考古研究所：《西安半坡》图版 56，文物出版社，1963 年。

[77] 见《考古与文物》1982 年第 2 期 2 页。

[78] 同注 [55] 87 页。

[79] 分别见《考古学报》1960 年第 2 期第 85 页，《文物》1990 年第 7 期第 23 页。

[80] 同注 [55] 99 页。

[81] 同注 [55] 102 页。

[82] 见《农业考古》1983 年第 2 期 243 页。

[83] 同注 [55] 104 页。

[84] 见《长沙马王堆一号汉墓发掘报告》下册 221 页，文物出版社，1973 年。

[85] 《嵩高山记》。

[86] 同注 [55] 107 页。

[87] 水泉枣核见《考古学报》1995 年第 1 期 70 页，其余同注 [55] 108 页。

[88] 同注 [55] 108 页。

[89] 同注 [84]。

[90] 同注 [55] 113～121 页。

[91] 见《考古》1976 年第 3 期 197 页，《农业考古》1986 年第 1 期 81 页。

[92] 见《农业考古》1983 年第 1 期 105 页。

[93] 藁城县台西的商代麻布见《文物》1979 年第 6 期 37～44 页、《农业考古》1982 年 1 期 82 页。崇安县武夷山的商周大麻布和贵溪仙岩的春秋战国大麻布参见陈文华：《中国农业考古图录》63 页，江西科学技术出版社，1994 年。

[94] 见《考古学报》1960 年第 2 期 73 页。

[95] 同注 [55] 63 页。

[96] 见《文物资料丛刊》第 3 辑 4 页，文物出版社。

[97] 高汉玉：《崇安武夷山船棺出土的纺织品》，《福建文博》1980 年第 2 期。

[98] 见《文物》1975 年第 6 期 55 页。

[99] 《元史·食货志》。

[100] 邱浚：《大学衍义补》。

[101] 同注 [55] 67 页。

[102] 李济：《西阴村史前遗存》，清华大学研究院第三种，1927 年。

[103] 见《考古学报》1960 年第 2 期 73 页。

[104] 见《考古学报》1973 年第 1 期。

[105] 见《文物》1980 年第 5 期 1 页。

[106] 分别见于《文物》1989 年第 8 期 7 页，《农业考古》1987 年第 1 期 302 页，《考古与文物》1988 年第 5、6 期 242 页，《农业考古》1985 年第 2 期 322、370 页。

[107] 同注［55］78、79 页。

[108] 嘉峪关市文物工作队等：《嘉峪关壁画墓发掘报告》图版四六～四八，文物出版社，1985 年。

[109] 同注［55］427 页。

[110] 李有恒等：《广西桂林甑皮岩遗址动物群》，《古脊椎动物与古人类》16 卷 4 期 247、248 页；覃圣敏：《从桂林甑皮岩猪骨看家猪的起源》，《农业考古》1984 年第 2 期 339 页。

[111] 同注［55］445～448 页。

[112] 瓦窑嘴牛骨见《中原文物》1997 年第 1 期 49 页，城背溪水牛头骨见《江汉考古》，其余见陈文华：《中国农业考古图录》473 页。

[113] 同注［55］441 页、475～479 页。

[114] 见《文汇报》1998 年 12 月 25 日 4 版。

[115] 见《考古》1992 年第 11 期 964 页，《中国文物报》1998 年 8 月 12 日 3 版。

[116] 华县南沙村马骨架见《中国文物报》1998 年 8 月 12 日 3 版，其余见陈文华：《中国农业考古图录》491、492 页。

[117] 见《考古》1987 年第 12 期 1063 页。

[118] 见《文物》1984 年第 9 期 16 页。

[119] 洛阳西工区铜马见《文物资料丛刊》第 3 辑 118 页，安徽寿县铜马见《文物》1958 年第 10 期 65 页，祥云大波拿铜马见《考古》1964 年第 12 期 612 页。

[120] 灵石县旌介村的铜篸见《文物》1986 年第 11 期 4 页；沣西铜雕饰见《考古》1959 年第 10 期 527 页、《沣西发掘报告》139 页，文物出版社，1963 年。

[121] 同注［55］514、515 页。

[122] 见《考古学报》1978 年第 1 期 71 页。

[123] 同注 ［55］ 517~519 页。

[124] 同注 ［55］ 526、527 页。

[125] 同注 ［55］ 536、537 页。

[126] 见《考古学报》1955 年第 9 期 31 页。

[127] 三星堆铜鸡见《光明日报》1986 年 12 月 10 日，蟒张玉鸡见《中原文物》
1981 年第 4 期 9 页。

[128] 见《考古》1979 年第 2 期 113 页。

[129] 石家庄市庄村的鸡蛋（壳）见《考古学报》1957 年第 1 期 91 页；广东增
城县陶鸡见《考古》1964 年第 3 期图版十；云南省祥云县铜鸡见《考古》
1964 年第 12 期 612 页。

[130] 石家河陶鸭见《考古通讯》1956 年第 3 期 11 页、12 页；马家窑鸭形尊见
《青海彩陶》，文物出版社，1980 年；岩石门丘山的陶鸭是采集品，见
《考古》1961 年第 4 期 179~184 页。

[131] 河南省辉县琉璃阁出土过商代铜鸭，见《辉县发掘报告》26 页，科学出
版社，1956 年；河南省安阳市殷墟和郭家庄出土过玉鸭，分别见《考古
学报》1979 年第 1 期 100 页、《考古》1988 年第 10 期 878 页；河南省安
阳市妇好墓出土过石鸭，见《考古》1976 年第 4 期 269 页。

[132] 辽宁省喀左县小转山子出土西周铜鸭形尊，为辽宁省博物馆藏品；辽宁
省凌原县营子村出土过西周铜鸭形尊，见《文物参考资料》1955 年第 8
期 27 页；江苏省句容县浮山出土过西周鸭蛋，见《考古》1979 年第 2 期
113 页。

[133] 妇好墓玉鹅见《考古学报》1977 年第 2 期 87 页；刘台子玉鹅见《文物》
1981 年第 8 期 20 页。

[134] 马克思：《资本论》第一卷 194、195 页，人民出版社，1957 年。

[135] "破木为耜"见《逸周书》，"斫木为耜"见《周易·系辞下》。

[136] 见《农业考古》1985 年第 2 期 147、148 页。

[137] 见《考古》1992 年第 1 期 41 页。

[138] 见《文物》1999 年第 6 期 11 页。

[139] 宋兆麟、周国兴：《原始掘土棒上的穿孔重石》，《农史研究》第五辑，农
业出版社，1985 年。

[140] 湖南省文物考古研究所：《澧县城头山古城址 1997~1998 年度发掘简报》，
《文物》1999 年第 6 期。

[141] 胡厚宣：《说贵田》，《历史研究》1957 年第 7 期。

[142] 李京华:《河南古代铁农具》,《农业考古》1984 年第 2 期、1985 年第 1 期。

[143] 草鞋山水田考古队:《草鞋山遗址 1992 年~1995 年发掘概要》,日本文化财科学会"稻作起源的探索",1996 年 11 月。

[144] 谷建祥:《草鞋山遗址水田考古学的初步实践与收获》,日本文化财科学会"稻作起源的探索",1996 年 11 月。

[145] 湖南省文物考古研究所:《澧县城头山古城址 1997~1998 年度发掘简报》,《文物》1999 年第 6 期。

[146] 李根蟠、卢勋:《中国南方少数民族原始农业形态》45 页,农业出版社,1987 年。

[147] 同注[9] 47~53 页。

[148] 同注[9] 48 页。

三　农业考古的相关学科和研究方法

与国外农业考古学相比，我国的农业考古起步略晚。作为一门学科，它是近二十多年才开始逐步形成的，因此无论是学科的基本理论还是具体的研究方法，都处于探索和建设阶段，至今还没有一部"中国农业考古学概论"之类的著作问世，只好留待新世纪靠大家来完成。

农业考古学既然是考古学的一个分支，它必然要继承考古学的研究方法，如地层学、类型学、断代学和田野调查发掘的技术，等等。但它又是专业性的考古，和其他专题的考古研究方法应有所区别，即着重于对有关农业直接证据的搜集和研究，特别是动植物标本和遗址地层中的花粉与植硅石的收集更为重要。需要借助技术科学的一些特殊方法和手段进行研究，才能获得比一般考古学更多的信息。

可喜的是，自80年代以来，就有很多学者关心农业考古的学科建设，就其研究方法撰写了一系列文章，提出了许多颇有价值的建议。其中较早的有80年代初期童恩正先生的《略述东南亚及中国南部农业起源的若干问题——兼谈农业考古研究方法》、严文明先生的《农业考古与现代考古学》、陈健先生的《用自然科学方法进行农业考古研究的新途径》[1]等文章。稍后有朱来东先生的《遥感技术与农业考古》、黄其煦先生的《考古发掘工作中回收植物遗存的方法之一——泡沫浮选法》和《农业起源的研究与环境考古学》[2]、罗宗真先生的《自然科学对农业考古研究的重要意义》和熊海堂先生的《考古发掘中水洗选别法的应用》[3]。此外，还有一些文章虽然不是专门讨论农业考古研究但却关系密切，很有借鉴价值，对构建农业考古学的研究方法也有帮助。如发表在《考古》1982 年第 4 期的《"灰像法"在考古学中的应用》（黄其煦），发表在《考古与文物》1986 年第 4 期的《动物考古的若干方法》（尤玉柱），发表在《考古与文物》1987 年第 2 期的《自然科学方法与考古学研究》（陈铁梅），发表在《考古》1994 年第 4 期的《水选法在我国考古发掘中的应用》（吴耀利）、《遥感考古的原理与方法》（刘建国）和《花粉分析与植硅石分析的结合在考古学中的应用》（姜钦华），发表在《考古》1994 年第 10 期的《关于动物考古学研究的几个问题》（袁靖）以及发表在《华夏考古》1996 年第 1 期的《试析史前遗存中的家畜埋葬》（王吉怀）等等。

童恩正先生在《略述东南亚及中国南部农业起源的若干问题——兼谈农业考古研究方法》的文章中谈到农业考古涉及的相关学科时指出，农业起源的研究是一个复杂的问题，它需要自然科学和社会科学多学科的配合，主要包括：（1）当代植物：对于作物及其相近种属的生物系统分析，包括遗传学、细胞遗传学、形态学、生态学和地理学等。（2）古代植物：古植物学、孢粉学和碳十四断代等。（3）当代民族：语言学、民间传说、生产技术，文化、宗教、巫术和巫技等方面对待栽培作物的态度。（4）古代民族：历史学、考古学、艺术。（5）其他：水文学、土壤浸蚀与沉积模式、土壤分析、湖沼学、古动物学、气候和动植物的变迁史等。他还着重强调：第一，充分认识南方原始农业的特点及其古老性。在遇到过去认为不可能有栽培活动的旧石器时代末期或中石器时代的遗存时，不论其为洞穴遗址、岩荫遗址或贝丘遗址，均应有意识地搜集这方面的资料。即使从这一时期人类采集植物的主要品种及其组合上，也足以判断出日后栽培作物的倾向性。第二，由于植物的种籽、根茎、细小的动物骨骼，以及残破的小石叶等，经常是混在文化层中，肉眼难以分辨，因此要获得这些资料，对文化层的土壤进行筛选是非常必要的。美国的戈尔曼在泰国的仙人洞发掘中获得大量植物遗存，就在于他使用孔径为 1 毫米的网筛对文化层所有的出土物都进行了筛选。如果文化层内涵丰富或土壤潮湿不便筛选，也可以考虑采用浮选法。当发现有可能作为农具的石器（如石刀、石镰等）时，要开展石器的微痕研究，以决定工具的操作方法和工作对象的性质。如果遗址中出现了陶片，则陶片中的搀和料及表面的印痕常能提供有价值的资料，也应予以仔细观察。第三，农业活动与生态环境是息息相关的，所以除了注意遗址本身以外，还应搜集有关的地理、地质、土壤、气候、植被和动物等方面的资料，进行一定范围内资源利用的综合研究。

严文明先生在《农业考古与现代考古学》的文章中指出了形成农业考古学的历史背景和意义：由于现代科学技术同考古学的紧密结合，出现了许多分支学科或边远学科，诸如冶金考古学、土壤考古学、环境考古学、植物考古学、动物考古学、农业考古学，以及在新的基础上建立起来的考古年代学等等，在国内则还有水文考古、地震考古等等。由于这些分支学科的出现，产生了两个意义深远的影响，一是增加了考古学研究的深度，我们可以在同一研究对象中取得比过去更多和更加准确的信息，甚至在过去被视为没有什么用处的对象中取得许多科学信息，真正发挥了考古学作为历史显微镜的作用。二是大大加强了考古学同现实生活的联系，它不仅是一般地说明历史问题，也不仅是可以向人民群众进行历史唯物主义、爱国主义和国际主义教育，而且在解决当前生产上和科学文化建设上的某些问题方面也日益发挥有效的作用。例如探索农作物和家畜的起源，不仅是为了说明农业发展的历史，对遗传育种也很有作用。农学家丁颖教授研究了普通野生稻同籼稻的亲缘关系，用二者杂交培育出了新的栽培稻品种。湖北江陵西汉墓中出土成束的稻穗，每穗稻粒甚少而每粒的农艺性状却和现代栽培稻相似，表明每穗粒数的遗传基因要比粒度变化的基因活跃，这为遗传育种提供了一个十分重要的信息。至于农具和耕作制度的研究等，对于正确地总结历史经验，进而探索我国农业现代化的道路，也是一项很重要的工作。现在的问题是，我们有些考古工地重视农业遗存不够，或者虽然重视而缺乏必要的科学知识，以至许多农业资料没有保存下来。为了改变这种状况，要大力提倡多学科专家的联合研究。作为一个考古工作者，起码应该注意以下几个方面：

第一，关于农作物遗存。古代房屋多为泥木结构，泥土中常搀有谷草和谷壳，如经火烧就会变成红烧土，其中的谷物痕迹常能很完整地保存下来，我国新石器时代遗址中发现的粟、黍、稻等谷类作物，多数是从红烧土中取得的。有些谷壳搀在泥土中烧成陶器，也可保存它的痕迹。有些零星散布在遗址中的谷物，可以用水选法来获得。有些埋藏在窖穴中或储藏在陶瓮和陶仓中的农作物遗存，往往腐朽过甚，不易进行准确的形态描述，可以用灰像法进行鉴定。发现谷物遗存如果甚多，如河姆渡遗址的水稻遗存和磁山遗址的窖藏小米，换算起来都以万斤计,遇到这种情况要作详细记录,要测量其容积和每一单位容积中的密度和分量,还要注意形成的年限,以便对当时农业生产的规模做出近乎实际的估计。除谷类作物外,还应注意其他农产食品和经济作物,甚至非农业的野生植物遗存。例如泰国西北仙人洞的第4至第2层中(距今10000年至6000年),就发现有蚕豆、豌豆、槟榔、胡椒、瓠和瓜类等,而我们在洞穴堆积中至今很少找到这类遗存,也许是没有注意而漏掉了。

第二,关于农具。有些工具形状相似,但功用不同。例如东方沿海新石器文化遗址中常见的穿孔扁斧,过去长期被称为石铲,后来根据其在墓中的出土位置、带把陶扁斧的模型和大口尊上刻划的扁斧图形才确定为斧。其实斧是加工木料的,铲是用来铲土的,工作对象不同,使用痕迹有很大差别,只要在体视显微镜下即可看得很清楚。再说斧子有砍、劈、削的功用,不同的用法也有不同的使用痕迹。类似石铲的器物还有锄和锹等,安柄的方式与用力方向不同,形成的擦痕也不相同。再如我国新石器时代和商周时期的石刀,一般认为是收割农具,但也不能一概而论。景颇族用长方形穿孔石刀(和龙山文化的形状几乎一模一样)切肉,亚洲东北某些民族则用穿孔石刀加工水产品。其实凡是收割谷物的镰刀,其刃部都会有硅质光泽,在放大镜下也不难辨别。要判断某一时期某一地区的农业生产水平,首先就要把农具和非农具区别开来,把不同用途的农具区别开来,这是不言而喻的。但这还不够,还要研究农具的安柄和使用方法,用实验方法来计算各种农具的功效,最后还要研究各种农具的配合使用情况。

第三,关于耕作制度。一般只能从一些有关农业生产的汉画像、农田模型和壁画等方面获得一点信息。但如果把工作做得细致些，也还可以再深入一步。例如西欧有些地方利用航空摄影可以看出罗马时期中世纪庄园的地块划分。日本考古学家发现了许多弥生时代的水田排灌设施等。这些都可作为我们今后工作的参考。

第四，关于家畜家禽。考古工作者往往在发掘中拣选一些自认为有代表性的骨骼请动物学家鉴定，但这是有局限性的。一是自己对动物骨骼缺乏知识，免不了会遗漏某些种属。二是由于骨骼不全而影响了许多问题的探讨。比如我们可以从一个村落遗址在同一时期丢弃兽骨的总量来推知肉食在整个食物中的比重，还有在肉食中家畜野兽的比例关系和不同家畜的比例关系等。有些动物的活动是有季节性的，由此可以了解一个村落遗址是常年定居的还是季节性的。从动物骨骼破碎的状况可以推知当时肉食的加工方法。如上述泰国仙人洞中有许多砸断未经烧烤的骨头，同层出土许多烧过的竹筒，因而推测是连肉带骨砸成碎块塞入竹筒，再加豆类瓜类一起烧食。有些动物骨骼很老（如山羊），推测是种畜或为提供乳食用的。有些骨骼有明显的切锯痕迹，显然是用作骨器的原料。所有这些都需要全面采集、仔细观察和研究才能达到。动物骨骼研究中还有一个最困难的问题就是区别野兽野禽和家畜家禽。人们往往采用同现生种对比的方法，但早期驯养的家畜家禽很难用这种方法确定。国外有人用偏振光线照射骨质切片，根据不同的颜色和阴暗，也可大致区分野生和家养动物。

陈健先生在《用自然科学方法进行农业考古研究的新途径》一文中介绍了国外几种利用自然科学技术手段进行农作物鉴定的方法，供国内农业考古界参考。众所周知，在古代遗址的发掘中经常会遇到一些栽培植物的遗存，如种子、稿秆、叶片等，其中尤其以主要农作物的禾本科作物更多。国外很多研究者运用自然科学的手段对这些植物遗存进行研究。如灰像法、埋藏种子分析法、土器痕判别法、花粉分析法和植物蛋白石分析法就是在这样的研究过程中被逐渐创造的。如日本的加藤富习雄于1932年就用灰像法成功地阐明了大麦与小麦的品种差异。不过，灰像法等只适用于植物器官组织未被破坏而完整地保存下来的情况，子实的皮壳、叶子等部位的残骸才是最有效的鉴定标本，其他部位不宜用来做分析[4]，否则就很难把握。近年来盛行于国外考古界的花粉分析法就不是以完整的作物遗物为研究对象，而是以考古现场各层位的花粉为分析对象。因为植物花粉的细胞膜相当坚固，能耐相当的冷热变化和水分、微生物的侵蚀，即使长期埋藏在土中也能很好地保持其细胞形状。因此，若要确定在某一段沉积中曾种植何种植物、当时种植的作物的某些技术性性状等就可以采用花粉分析法进行分析。这是一种应用范围相当广泛的分析法，因为所有能产生花粉的植物都可以作为分析对象。据罗宗真先生的介绍，德国考古学家在勃登湖旁的考古发掘中采集的花粉，经过分类测定，可以知道所种植的植物每两年有一次变化，每20年要进行一次循环。因此新石器时代在这一地区进行农业生产是十分艰苦的，每两年产量就会下降，必须更换土地，每20年就要大迁徙一次，所以人们仍过着不安定的生活[5]。不过这种方法也有明显的缺点，即有些作物的种和属间差异不大，很难区分，如禾本科作物的花粉都是球形，要判明其具体的属种就比较困难。另外，花粉的保存也因土壤而显著不同，低温的土壤容易保存，而在干燥的通透条件好的土壤中就难以长期留存，所以花粉分析法也是有局限性的。接着，陈健先生着重介绍了另一种更新的分析法——植物蛋白石分析法。

植物蛋白石也称植硅石，指形成于植物细胞内的微小硅石，它在许多现代植物中都存在，包括单子叶和双子叶植物，尤其是单子叶植物的禾本科中植硅石丰度很大，形态上也比较特别。禾本科植物是大量吸收硅化物的植物，故又被称为硅酸植物。被植物吸收的二氧化硅在植物组织体内并不是均一的分配，而是积蓄在特定的组织细胞壁内。这些组织细胞大多是机动细胞、硅细胞、表皮组织中的长短细胞和结合组织细胞等，这些细胞一旦积沉了硅酸后就成为坚固的玻璃体壳状。它质地非常坚硬，耐酸，耐碱，也耐热，可以埋在土壤中不腐朽，即使在摄氏 800℃的高温下也不变形、不熔化。当植物和落叶枯朽之后，其有机物部分便溶化、分解，很快其原来的形状就消失了。但是覆盖着玻璃成分的植物硅酸体却仍能保持原形残留在土中数千年。其中又以机动细胞的硅酸体最大。机动细胞仅存在于禾本科植物的叶身之中，与叶身的机械强度和卷迭性能有密切的关系。其在叶片的表皮部与叶脉平行呈数条纵列。各种观察证明，由于植物物种的不同，其机动细胞的横断条面也显著不同，这就可以从机动细胞的形状反过来推知植物的种类。由于其种间差异相当明显，所以不但可以由此推定作物的属和种，而且还可推定其品种，因此比花粉分析法更优越。将这种方法首先应用于农业考古并取得显著成绩的当首推日本宫崎大学的藤原宏志教授。藤原等用这种方法对日本弥生时代和绳文时代的几处古水田遗址进行了深入分析，其结果在日本《考古学杂志》、《考古学和自然科学》、《古代学研究》等刊物上发表后，引起了考古界和农学界的很大兴趣。藤原就是利用这种方法，把日本东北地区的稻作起源提前了 700 年。植物蛋白石分析法还可从多方面取材，如在古水田等遗址发掘中检出的植物蛋白石有可能是后世掺入的（如人工、河流、洪水、生物的扰动等），因此，可以把那些能够断定年代的陶瓷器进行类似的分析，因为陶瓷的胎土一般用田土，其间也含有不少的植物蛋白石，将其检出后至少可以把年代确定在胎土的同时代，而胎土的年代又可从各方面推定，这就保证了分析结果的可靠性。同样，也可把这种方法运用于古代建筑物（如断墙残壁、棺地）的包含在泥灰中的植物种类和墙砖、墓砖中的植物蛋白石分析。一般情况下，古代人为了使建筑胶合紧密不裂缝常常要往石灰浆等泥灰中加入一定的植物稿秆，这些都是分析的好材料。植物蛋白石还可以进行定量分析。因为禾本科作物的机动细胞数量与叶片的光合面积有很密切的关系，而叶片面积与植物体干物量和种实产量的关系也很紧密。因而可以从单位容积土壤内的植物蛋白石数量来推知当时的作物产量。只是求出的产量不是一年或一个生产季节的产量，而是一定种植时代内的总产量。虽然如此，对古代农作遗址的不同层位的作物总产量的分析还是可以得出很有参考价值的数据的。

事实证明，植物蛋白石分析法在我国近年来的农业考古研究中获得显著的成功，如江西万年仙人洞和广东英德牛栏洞就是靠这种方法获得了1万年前的水稻植硅石。藤原本人也和南京博物院合作在江苏草鞋山遗址发现了6000年前的古稻田，从而填补了我国农业考古的一项空白。

黄其煦先生在《农业起源的研究与环境考古学》一文中，也强调自然科学方法对农业考古的重要意义，并举出一些成功的范例："如何从考古学的角度，扩大研究的范围和对象，就成为农业起源研究上重要的一环；如何不失时机地充分利用各有关学科提供的研究手段，就成为农业起源的研究取得突破性进展的关键。在这种形势下，抱残守缺、画地为牢的保守思想是经不起目前学科间相互交叉、渗透这一必然趋势的冲击的。实际上，像考古学这样一门社会科学诸门类中最能吸收自然科学方法的学科，在近一百五十多年的发展史上，特别是自 20 世纪 50 年代，出现碳十四年代测定方法以来，史前考古研究上一直就存在着这样一个问题，只不过农业起源的研究使这种局面让人看得更清楚些罢了。"

"农业起源的考古研究，自上个世纪 50 年代在瑞士苏黎世湖边发现湖居遗址之后，就已经开始了。1866 年公布的英文报告译本中，第一次除了传统上所罗列的陶器、石器、骨器等人工制品之外，还附上了关于动植物遗存的研究报告。研究对象的扩大，使人们复原当时的生产与生活环境有了更近一步的可能性。本世纪 20 年代，V.G. 柴尔德（Chide）提出把农业作为一种人类发展史上的革命性进展，并指出西亚（也就是西方所谓的"近东"）可能早在文明出现之前几千年就把农耕文化送给了欧洲。农业起源由此而成了考古学上必须研究的课题。第一个把柴尔德的理论付诸实践检验的考古学家 R. 布雷伍德（Braidwood），在组织发掘雅尔莫（Jarme）遗址的考古队中就延聘了其他学科的专家，这种'新鲜血液'的注入，对解决西亚农耕文化的发生与发展的问题，无疑起到了相当大的作用。而在美洲中部，60 年代 R. 马尼士（MacNeish）对特瓦坎（Tehuacan）遗址的发掘活动中，古植物学家的帮助与成绩的取得有着不可分割的关系。……目前可以看到，世界各地的考古队中，没有相关学科的专家参加，或是考古队员本身不具备掌握一两门专门研究技能的条件，就无法从考古探方中察觉到更多的信息线索，也就不可能提供全面的资料。"

黄其煦先生在该文的第三部分，重点介绍了国外将孢粉分析法、灰像法、植硅石分析法、泡沫浮选法以及碳十四测年法、树木年轮法等自然科学方法应用于农业考古的成功事例，并希望中国的考古工作者能具备这些学科的基本常识："由于环境考古学与传统上的考古结合得如此之紧密，以至于发展到今天，考古学者不能再企图只把发掘材料拿到手，再把这些材料交给各个不同学科的专家手中，等待着分析结果。考古学者本身必须尽力具备研究这些考古遗存的能力。这也是考古学发展到今天，学科交叉渗透已成大势所趋而向考古学者提出来的更高要求。我想，农业起源的考古研究真正获得解决，在'物'的方面，是拓宽研究对象与研究方法的范围；而在'人'的方面，则是培养全材的考古学者。他们不仅应该谙熟我国的考古研究，而且应该了解国外考古研究的发展；不仅继承几代考古学者留给我们的宝贵研究经验，而且乐于、善于引进和创新更深入的研究方法和技术。"黄其煦先生还在《"灰像法"在考古学中的应用》一文中介绍他个人应用"灰像法"鉴定出土农作物的情况。灰像法是利用植物遗骸中二氧化硅骨架的不同形状来判定出土作物的种属。一般植物体的成分主要是有机质和水分，而无机质甚少。一旦植物由于燃烧或者其他原因变成朽灰，就难于从外形判断它的种属。但是植物体中的二氧化硅骨架化学性质稳定，耐酸碱及高温，在植物体由于各种原因被破坏之后，仍然可以留存下来。二氧化硅骨架多存在于细胞壁，可以保持原来的形状。而且二氧化硅骨架的这一特点在禾本科植物（绝大多数农作物属于这一科）的果实皮壳及叶子中表现最为明显。首先可以用已知的现代作物烧成灰份进行观察，然后用未知种属的出土标本，按同样方法制成镜检材料来作对照，从而决定出土作物的分类归属。由于这一方法是利用植物灰份在显微镜下的不同图像来进行鉴定，因而把它称为"灰像法"。黄其煦先生对陕西、湖北、青海、河南和河北等地的一些农作物进行实验，都取得了满意的效果。不过灰像法只能应用于某些禾本科植物的判定，对豆类和薯类作物却无能为力。另外，子实的皮壳和叶子等部位的残骸才是最有效的鉴定标本，其他部位不宜用来作分析，因此灰像法也是有一定局限性的。

至于如何在考古发掘中搜集植物遗存，黄其煦先生和熊海堂先生分别介绍了两种行之有效的方法。黄其煦先生在《农业考古》1986年第2期发表的《考古发掘工作中回收植物遗存方法之一——泡沫浮选法》一文中，介绍了他在英国学习到的一种回收植物遗存的方法。这一方法是借鉴选矿的浮选法，只是选矿时浮选的目的物是质量较重、颗粒较小的矿石，而考古发掘时所要得到的是质量轻而颗粒相对较大的植物遗存。为了在混有植物的灰土中把质量较轻的植物区分出来，就要在浮选用的水中加入所谓的"收集剂"。这种收集剂可以在水中有选择地把所需的细小有机物质包裹起来，使之比其他物质具有更大的亲气性与厌水性。这时在水中压入气泡，上升的气泡就会附着在这些悬浮的质点上，将其带到水面。于是就可把它们收集起来。为了加强效果，水中可加入一种发泡剂，它可以降低水/空气表面的张力，这样气泡之间就不会结合而相互靠近。在考古发掘中，所需要的是一些碳化有机物质，其重量相对很轻，气泡上升时的提升作用不是十分重要。一般用油性（如煤油）的收集剂效果较好。从70年代起，在西亚的发掘中就开始使用这个方法，后来加以改进，以适应欧洲的较为黏重的土壤，都取得了相当理想的效果。

不过，泡沫浮选法需要一套结构较为复杂的机械，在国内不易得到推广。另有一种更为简便的方法，就是熊海堂先生发表于《农业考古》1989 年第 2 期《考古发掘中水洗选别法的应用》中所介绍的"水洗选别法"。

水洗选别法简称水选法，是运用水对泥土的溶解分离作用，从遗址中提取微小遗物的一种方法。80 年代以来在日本和欧洲一些国家的考古学研究中广为应用。水选法作为现代考古学研究的辅助手段之一，比较适宜从遗址中筛选出那些在发掘过程中肉眼难以分辨的植物的种子和果实，细小的动物骨块、软体动物和昆虫的遗骸等细小的自然遗物。因此在史前农业和环境考古等方面都有很大的用武之地。水选法使用的工具有筛子、水桶、水盘、小夹、吸管、标本盒和水槽。其中水槽稍微复杂一点，但只要熟练掌握水选法原理，即使没有水槽也同样可以操作。水选法分五步进行：（1）将从文化层采掘的土块标本略经阴干后分盛于若干塑料水桶中，注入清水，泥土开始溶化。（2）标本中的泥土在水桶中被水溶解，水的上层浮起一些浮游物。这些浮游物是比较容易损坏的种子和小骨头，用 1 毫米的筛子将浮游物过滤取出。（3）经过多次水洗和浮选，标本中的泥土基本分离排除，水桶中贝壳和陶片等大件遗物慢慢呈现出来。把标本装入最粗的 9.52 毫米号筛子中，让筛子浮在水桶内的水面上不停地摆动，使小于 9.52 毫米孔径的遗物漏在水桶内，筛子内留下的是大个的贝壳和陶片，将其取出放入白搪瓷盘中。（4）粗选后进行细选。把桶内的污水倒入 4 毫米孔径的筛子，在水桶中筛选。把筛中留下的遗物与渣滓倒入干净的浅盘中，用勺子把少量遗物挑到小盆内。盆内注入清水，水量刚好盖住遗物，然后使用玻璃吸管在水中检选，发现有价值的就用吸管吸住遗物，然后注入标本盒内。这样就不容易损坏诸如炭化种子、软体动物的外部遗壳以及昆虫之类的残骸，只有坚硬的骨块和比较大的遗物才使用夹子。分检时剩下的残渣可全部倒入水槽中，渣滓沉淀在水槽底部，废水从水槽边上的管道中排出。(5) 使用 2 毫米细筛对以上所剩试料进行再次筛选。根据对遗物检选的要求，也可以直接使用 1 毫米筛子。将遗物移入筛子内，上淋清水，筛子置于水盘中摆动，筛下的都是一些粉末状的试料，然后对剩下的试料进行分检。

水选法的过程就是利用水对遗物与泥土的分离作用。明白这一工作原理，就可以根据发掘场地所具有的条件，或在野外进行，或在室内进行。在操作过程中，可以根据水选的对象不同，增减一些工序，设计若干种机械，进行所谓水选的半自动化处理。水选法具有操作简单、投资少和捕获资料多等优点。它比正常的发掘能获取更多的考古资料。据日本学者研究，正常发掘采集的资料只有 25%，而水选法所得的资料高达 75%。有人还统计出水选所得的资料是正常发掘采集资料的 17.7 倍，而水选堆积物标本的总量仅是发掘土方的 0.27%。这不仅对考古学复原历史本身的研究，而且对古代生态环境和农业起源与发展的研究，都有重要的意义。因此，水选法是田野考古学、环境考古学和农业考古学不可缺少的方法之一。自熊海堂先生的文章发表后，水选法逐渐引起我国考古界的重视，有人在考古工地上进行试验，获得了良好的效果。如中国科学院考古研究所吴耀利先生发表在《考古》1994 年第 4 期的《水选法在我国考古发掘中的应用》一文中，就介绍了他使用水选法获得成功的情况。1992年四五月间，在河南省汝州市李楼遗址的发掘中，使用了水选法，结果从八袋土样中水选出十二试管的黑色炭化物及动物碎骨。其中有一百多粒稻米、一粒野生稻以及小米和高粱等谷类作物。这些资料全是正常发掘中用肉眼难以发现的遗物。过去在田野发掘中，对灰土中肉眼不易看见的东西往往注意不够，尤其是一些完整陶器中的泥土，如果不用水选法，是什么也发现不了的。可见水选法在我国考古发掘中也是一种行之有效的方法，完全适用于我国北方地区的田野考古发掘。它对深化我国的考古发掘和研究，有着不可轻视的作用，值得进一步在我国考古界应用和推广。

朱来东先生的《遥感技术与农业考古》一文介绍了遥感技术对农业考古的作用。所谓遥感技术，就是在远离地球目标的空中以至太空高度，用电子学和光学探测仪器对地面观察，摄取各种形式的图像和照片，然后将这些资料用摄像或数字的形式传输到地球上，供各行各业的科学家分析与判读，提高对各种现象的认识和理解，加速科学的发展和对自然的改造。由于空中飞行的遥感仪器是一个精密的装置，所以对地球表面景物的收集往往比较详细。遥感技术对于考古调查非常合适，尤其是对于古代农业的研究，有很好的应用效果。从遥感图像的色调和几何形态上，能够研究出人类的早期文明和聚落分布，发现古代的城市、街道、井位、排灌系统，古代开凿的水利工程和河道变迁的遗物与遗迹，也能清晰地看出古代农田结构的土地利用形式、村落的分布等有价值的考古资料和信息。如西欧的学者用航空相片鉴别出古代希腊和罗马的土地利用系统，在分析航空相片时，可以看出罗马的土地划分方法是把土地分成大块，通常是710平方米左右的方块形式，在比较高的高度上拍摄的照片明显地显示出方块形式的方格格式。在美国西部亚里桑那洲北部干旱地区发现了古代印第安人曾经耕作过的条带形状的种植玉米的地垄。美国航天飞机上的雷达遥感，也揭示出非洲撒哈拉大沙漠下的古代河道和网状支流，说明这里在古代曾是一片水网密布、气候适宜的地区，可以进行畜牧业活动。可见，将遥感技术的先进性与考古学相结合，就能给农业考古研究带来新的生机，取得新的突破。

古代的农业包括两个主要生产部门：种植业和畜牧业。家畜和家禽的驯化与饲养的研究自然也是农业考古学的主要组成部分之一。它和植物驯化栽培有着不同特点，其研究方法自然也有其自身的特点，在这里就用得着动物考古学的知识。因此，袁靖先生发表在《考古》1994 年第 10 期上的《关于动物考古学研究的几个问题》一文谈到的几个问题对农业考古学就很有参考价值。

袁靖先生在文章中强调指出：如何正确地整理、分析遗址中出土的日益增多的动物骨骼是一个必须引起高度重视的问题。并对资料如何认真处理和精确统计阐述了自己的看法。提出要按生物学的分类顺序排列动物的学名。要判断各类动物的最小个体数并追究其形成的原因。还要建立动物的年龄结构并对由此引伸出来的问题进行探讨。对切割、砍砸这类人工造成的痕迹要认真观察，以便于复原古代人解体动物等行为。对啃咬痕迹这类埋藏因素也要认真研究，分析动物骨骼在废弃后遭受的破坏。另外还提出了用动物考古学的观点及研究方法写成的报告应作为一章收入发掘报告正文之中的看法。

关于动物骨骼的采集和处理方法。出土的动物骨骼也和出土的陶器与石器等遗物一样，是被古人利用后废弃的。因此，对动物骨骼的处理就应该和对陶器与石器的处理一样，按探方、地层和遗迹（居址、墓葬、灰坑）等单位进行采集和记录。最好是能够对每一块骨头测量坐标，因为细致准确的资料记录在我们进行分析时是很有帮助的。在发掘时不能光注意肉眼能识别的动物骨骼，对细小的动物骨骼也不能忽视。其采集的方法就是对探方里的土，主要是灰坑里的土进行水选，看其中有没有细小的动物骨骼。袁靖先生介绍了他在国内和日本采用水选法的经验，发现了一些原来肉眼没有看到的骨骼，如鱼骨等。这为正确认识古人的肉食结构和生产活动提供了新的资料。在整理动物骨骼时，首先是鉴定种属（如本人缺乏鉴定能力，必须请动物学家鉴定）。在确定种属以后，还应该进一步探讨各类种属的最小个体数。其确定原则和方法是，首先必须是能够鉴定到种或属的动物。其次是统计一个种或属所有的动物骨骼部位，哪种骨骼（包括分清左右）数量最多，这个数就是这个种或属的最小个体数。通过观察动物骨骼中的猪和鹿的下颌骨（判断下颌骨上的第一、第二、第三后臼齿的萌出、形成及磨损状况），可以大致测定它们的年龄。对保存完整或比较完整的猪头骨要进行测量，这是区别野猪和家猪的重要依据，也是研究野猪如何向家猪进化的重要资料。

关于种属和最小个体数的确认。对于确认的动物种属，要用拉丁语记录学名，并将它们按生物学界规定的无脊椎动物、脊椎动物及纲、目、科、属、种的顺序正确排列。这是国际学术界共同遵守的习惯。种属判定以后，还必须研究各类种属的最小个体数。通过种属判定，可以认识与古人有关系的动物究竟是哪些种类。而根据各类种属的最小个体数，可以弄清被古人捕获或饲养的动物种类中，哪些动物多，哪些动物少，占主要地位的是什么动物。这样，对古人通过狩猎或家畜得到的动物在他们的肉食结构中各占多少比例就有了一个比较正确的认识。此外，由于动物的体型不一，可供人类食用的肉量也不尽相同。可以用各种食用动物百分比的计算方法，算出各类动物真正可向人类提供的食用量。而要进行这种计算，也必须依靠最小个体数的统计。姜寨遗址仰韶文化和客省庄二期文化的动物种类中最多的都是鹿和家猪，特别是鹿在各类出土动物的最小个体数中名列榜首，且年龄较轻，据此研究者还提出古代有饲养鹿的可能性。袁靖先生对内蒙古敖汉旗兴隆洼遗址和安徽省蒙城县尉迟寺遗址出土的动物骨骼进行整理时，也发现鹿的比例相当大，与猪的数量接近，可以说出土的动物种类中主要是猪与鹿，这与姜寨遗址的动物种类相似。

关于年龄结构。分析年龄结构是研究动物骨骼时不可缺少的重要一环，尤其是对猪和鹿，按各年龄段搞清它们的最小个体数，看最小个体数最多的是哪个年龄段的，对于认识古人的行为也很有帮助。比如国内的学者根据遗址中出土的猪年龄大多集中在1至2岁，因而比较倾向于把猪的年龄较轻作为存在家猪的一个重要证据，因为幼猪和青少年猪的大量死亡，不是野猪的自然现象。根据对现代驯养家猪的经验，一般养猪不到一年即屠宰吃掉。只有种猪才能养育到成年。青幼年猪的肉，嫩而易熟，成年和老年猪的肉则不好吃。袁靖先生在日本曾参加发掘一处绳文时代中期的於下贝丘遗址，出土的猪都是野猪。从这些野猪的年龄结构看，参差不齐，不但小猪、成年猪和老年猪都有，而且成年猪与老年猪所占的比例几乎接近50%。袁靖先生考察了内蒙古敖汉旗兴隆洼遗址1993年度发掘的一部分动物资料，发现猪的年龄明显偏大，3岁以上的占大多数，与日本绳文时代野猪的年龄结构有相近之处。兴隆洼遗址还出土大量马鹿的骨骼，可见当时的狩猎活动相当兴盛。但是当时人利用的家猪和野猪的比例何者为大？即他们所食用的猪主要是家猪还是野猪呢？从以上分析当可得出接近实际的结论。又如日本学者对绳文时代早期的两处遗址出土的鹿下颌骨进行分析，发现当时被捕杀的梅花鹿的平均年龄为 6.22 和 6.96 岁，与现代自然保护区野生梅花鹿的平均年龄近似。由此推测绳文时代早期的人们为食用而捕猎的梅花鹿数量有限，对作为整体存在的梅花鹿群并不构成多大的威胁，野生动物的自然年龄结构并未因为人们的狩猎活动而受到太大的影响。但在绳文时代晚期遗址中出土的梅花鹿的平均年龄已降为 4.6 至 5.6 岁，显得比较年轻。而现在北海道狩猎区里的雄鹿的平均年龄为 4.7 岁，雌鹿的平均年龄为 5.2 岁。两者大体相似。说明绳文时代晚期人们所进行的狩猎活动已经对梅花鹿的自然生存形成一种压力，即被捕杀的梅花鹿的数量过大，已经直接影响到梅花鹿的自然年龄结构。这可能与随着人口的增加，对食物的需求量也随之增加，因而梅花鹿的捕猎量也相应扩大有关联。这种随着时间的变化，被人捕获的某种动物的平均年龄相应年轻化的现象，在动物考古学上称作狩猎压，即人类的狩猎活动对动物生存形成的压力。由此可见，对遗址中的动物进行年龄结构的判断是很重要的。

关于人工及埋藏因素。人工因素主要是指古代人在解体动物，从骨头上剔肉或进行某种行为时留下的切割、砍砸痕迹。研究这些痕迹，对认识古人的行为有一定的帮助。从解剖学上看，动物的筋肉、腱在骨头上有一定的位置，古人的切割、砍砸痕迹往往也集中在那些位置上。据国外民族学研究者对北美和非洲的调查，人们解体动物的步骤是：先从头后部和环椎之间下刀，把头割下。其次是把脖子和脊椎部分分开。再割下四肢（盆骨有时连在后肢上，有时残留在脊椎一侧）。最后处理肋骨和脊椎，其方式很多。因此在一些遗址的动物骨骼上发现古人留下的切割痕迹往往集中在下颌骨、颈椎、肩胛骨、肱骨、盆骨和胫骨等部位。袁靖先生在甘肃武山傅家门遗址1061块骨骼中，发现带有切割痕迹的骨骼16块，其切割位置也是在胛骨、桡骨和盆骨等，与国外民族学研究者调查总结的规律有一定相似之处。国外石器时代出土的留下切割痕迹的动物骨骼仅占全部骨骼的1%到10%，超过20%的极少。但是傅家门遗址带有切割痕迹的动物骨骼没有超过全部骨骼的2%，与国外相比，属于比例甚小的一类。这可能与当时人对动物的形体结构比较熟悉，解体动物相当熟练有关系。另外，遗址中经常会发现动物骨骼中颌骨和肢骨的比例大大失调，往往颌骨所代表的个体数远多于肢骨代表的个体数。袁靖先生认为这里有一个埋藏因素的问题，即动物骨骼被人废弃以后，又一次或多次受到破坏。研究动物骨骼被废弃后经历的破坏与变化过程，属于埋藏学研究的一个方面。根据袁靖先生在日本做的实验，推测绳文时代人们在食肉后对骨头往往敲骨吸髓，废弃肢骨的骨干多是碎片，而肢骨的关节部又在废弃后遭到狗的啃咬，这样，肢骨就整个被破坏了。但是和肢骨比，颌骨在埋藏前和埋藏后所受到的破坏都小得多（狗对颌骨兴趣不大，喜欢啃咬肢骨）。因此，袁靖先生在整理几个遗址出土的动物骨骼（不少带有狗啃咬痕迹）时，都存在同类动物的颌骨和四肢骨分别确认的最小个体数不一致的现象。所以他认为，在搞清带有啃咬痕迹的动物骨骼所属的动物种类与部位的基础上，深入进行埋藏学的研究，对于如实地反映古人的行为，正确地解释今天通过发掘看到的现象是很有帮助的。

尤玉柱先生在《动物考古的若干方法》一文[6]中，也谈到动物种群的年龄结构和动物骨骼破碎等问题。他指出，年龄结构的统计能够帮助我们判断、分析动物的死因以及人类狩猎活动的规律。遗址中数量最多的动物种通常代表当时人类的主要狩猎对象和肉食来源。但是不同的动物所能提供给人类的肉食量差别很大，因此要统计总量，才能确定遗址主人的食物丰度。史前人类因受技术的限制，通常捕获大、中型动物是极不容易的，猎取成年动物尤为困难，主要是捕获幼年个体和部分老年个体。在难以发现人类化石和石制品的遗址里，进行年龄结构统计能有效判断是否是人类捕杀的。

动物考古也可用来判断史前遗址是长期的居住址还是临时性和季节性的住所。而一个遗址被史前人类占用时间的长短，对于了解早期人类的生活方式、迁徙以及环境对人类的影响是至关重要的。可供采用的方法有：（1）确定哺乳动物的死亡的季节。在高倍显微镜下观察因气候和食物性的影响而在动物牙齿和骨骼上产生的疏密相间、颜色不同的生长线（层）。生长线最外一层则代表动物死亡的季节。夏季的生长线（层）宽、疏、色透明；冬季的密、半透明或不透明。如果动物的生长线（层）的最外层是疏、透明者，表明动物死亡于夏季，反之为冬季。如果不同种动物都证明死亡于夏季，那么该遗址显然是在夏季为人类所占用。动物死亡季节各异，证明该遗址是长年居住的。（2）从鸟类骨骼遗存获得信息。鸟类对气候是最敏感的。旅鸟、候鸟在一年的某个季节抵达某个地区或生活在某一地区具有相当固定的规律，在长期自然适应中它们迁移的路线也是严格的。利用这一特征可以有效地了解遗址被占用的时间。旅鸟、候鸟和留鸟的雏鸟也有严格的时间性。因此对遗址中细小的骨骼要十分仔细地收集、鉴定和研究。（3）小动物骨骼也可作为判断季节性居住的参考。一年可以成熟的动物，其生仔的季节是比较固定的，这对判断遗址是否为季节性居住区很有用，特别是当该种动物中幼年个体占有较大的比例时更有把握。（4）美国考古学家通过研究人粪化石来确定居住时间也收到良好的效果。采集人粪化石进行电镜扫描，通过辨认其中的花粉，推知开花植物和开花时间就容易判断人类在那里生活的时间。通过电镜扫描，一些难被消化的孢粉、骨碴和动物毛发都能得到确定，这也是探讨史前人类饮食的良好途径。如国外学者通过研究法国东南部海滨的奈斯古营地的人粪化石，确认该遗址是猎人们在初夏时节来地中海海滨"休整"时住的，居住时间很短。国外普遍采用电镜扫描获得我们过去所未知的信息，如生活在得克萨斯州西部的早期印第安人有吃花的习惯；墨西哥的远古居民食用黍类之前曾经将其碾碎或火烤。（5）从埋藏学角度判断居住遗址的长时性或临时性。属于长期居住的遗址，在文化层中通常可以发现较多的人类化石、石制品、装饰品和艺术品，常有较厚的灰烬层，营地中或有用以取火的灶台，或有种类繁多的脊椎动物骨骼以及不同时期的迁徙性动物骨骼。季节性居住址较难找到人类化石，石制品也较少，灰烬层或有或无，脊椎动物骨骼常显示出某个种占绝对优势。

尤玉柱先生还指出：遗址中动物骨骼的种数、数量以及肢骨破碎程度常作为衡量主人食物丰度的标准。动物肢骨破碎程度越大，其丰度就越低，因为在食物得不到更多满足时，史前人类只得敲骨吸髓。动物肢骨破碎程度小的则反映他们的食物来源比较丰富。从许多遗址动物骨骼的保存情况来看，动物骨骼的种数和数量与破碎程度常是反比关系。过去我们发掘遗址时通常对破碎的动物骨骼不很重视，使我们失去许多重要的资料。比如旧石器时代晚期人类的智力达到相当水平时，他们在木棍、竹片上刻划各种符号、记号和图像，但这些都很难保留下来。而以狩猎为生的人，他们每时都与动物骨骼打交道，因此各种符号、记号或图像一般是刻划在骨片上。西欧包括法国和西班牙等，在旧石器时代晚期遗址中都发现了相当数量的骨雕和刻有不同符号的骨片，这对于了解和探索史前人类的思维能力无疑是宝贵的。越来越多的证据说明，人类的文字、数学、艺术和宗教迷信都起源于旧石器时代。为此，这项研究除了寻找壁画和岩画外，更重要的是注意遗址出土的碎骨骨片。遗址中的破碎骨骼如能进行系统分类统计，可能有助于解决某些问题。国内已有一些遗址进行过碎骨统计，结果发现是有规律可循的。分类方法可按骨骼部位、骨骼形态、长短、是否经人工敲击或搬运等等，以便研究埋藏类型、是否为人类有目的的加工以及搬运过程中骨骼的破裂情况和破坏程度，为今后研究遗址类型和埋藏规律积累必要的资料。此外，一个遗址中动物骨骼的排列情况也应该给予充分的重视。因为远古人类尤其是狩猎者，可能用食剩的大的动物骨头垒成圆形的露天营地或加固茅舍。这值得在今后发掘中注意。

由此可见，动物考古学对于农业考古研究确实是有很大帮助的，值得借鉴。

综合以上各位专家的论述，我们可以把有关农业考古学的问题简要概括为下列几点：

第一，农业考古学的相关学科。

1. 社会科学——历史学、经济学、农史学、民族学、民俗学、语言学、古文字学。

2. 自然科学——农业科学（包括农艺学、植物生理学、土壤学、农业气象学）、遗传学、地理学、生态学、植物考古学、动物考古学、机械学。

3. 技术科学——孢粉学、碳十四断代、热释光断代、遥感。

第二，农业考古学着重采用的研究方法。

1. 野外——田野调查发掘、标本采集、筛选法、浮选法、水选法。

2. 室内——陶片观察（搀和料及谷物印痕）、石器的微痕考察、动物骨骼的分类和统计、谷物遗存的测量和种属鉴定、动物骨骼的测量和种属鉴定。

3. 实验室——孢粉分析、灰像法、植硅石分析。

4. 模拟实验——古代农耕方式的模拟实验、农具的装柄及其功能实验。

需要指出的是，一位农业考古学者不大可能精通上述所有学科的知识，因此除了事后要专门请教各个不同学科的专家外，最好在组织发掘时就邀请有关学科（特别是植物考古学和动物考古学以及技术科学）的学者直接参加田野考古工作，以便取得第一手资料，避免遗失重要的科学信息。在这方面，杨建华、滕铭予两位先生发表于《中国文物报》1999 年 8 月 11 日的文章《恰塔尔遗址发掘——国外田野与发掘工作的新进展》中介绍的国外情况对我们很有参考价值。恰塔尔遗址位于土耳其南部的科尼亚平原，是一处面积 12 万平方米、距今

8500年至8200年的新石器时代遗址，从60年代开始至90年代，由英国考古学家主持发掘，取得很大收获。在恰塔尔遗址的发掘中，首先强调的就是多学科的合作。由于主持发掘者重视遗址的出土背景，邀请了许多非田野考古专家亲临遗址现场，这样可以使这些专家了解他们研究对象的出土环境和状态。一个动物学家从烧骨的出土背景中，可以了解到这里的烧骨与其他遗址烧骨的区别，这有助于解释烧烤的目的。另一方面，这些专家的到来使发掘人员得到了各方面的信息，便于他们注意和记录更多以前被忽视的信息。这样做，促进了学科合作的深入。对恰塔尔遗址所做的各学科研究有土壤研究、黑曜岩分析、动物骨骼研究、人骨研究和考古生物学研究。土壤的微型分析对原有的地层划分进行了验证，并为地层的形成提供了证据。考古生物学的主要研究对象是浮选和筛选所得到的微型动物和植物标本。主要工作有按单位确定微型动植物的种属、了解周围地区的植被（它为研究动物的驯养和植物的栽培提供了宝贵的资料）、确定遗址中树木的种属（通过对木炭的分析研究，了解人们对林地资源的开发利用，主要是木料和烧材）、对考古发现的植物进行遗传基因的分析和植物化石的分析（例如对小麦和大麦壳的分析结果表明，这些作物是生长在潮湿的沼泽地带或遗址周围的冲积地区，而不是较干燥的高地。对遗址中的草拌泥中的草进行的分析表明，它们产自干旱地区。这些分析有助于人们对遗址周围土地利用情况的解释）。对于这些微型动、植物标本，发掘者非常注意它们的出土背景，可以分成出自灶坑、废弃堆积、居住面、地层及其他基体中。同样的动植物种属出土在不同的背景中，它所代表的历史意义是不同的。

很显然，恰塔尔遗址发掘中进行多学科合作的作法是值得我们借鉴的。实际上近年来我国的一些发掘工地也有相似的成功经验。如1993年至1995年间，中美合作对江西省万年县仙人洞遗址进行发掘时，就有动物学家、技术科学专家参加。1992年至1995年间，中日合作对江苏省苏州市草鞋山遗址进行发掘时，就有一些农学家参加。1997年至1998年间，中日合作对湖南省澧县城头山古城址进行发掘时，也有一些科学家参加。结果都取得了令人满意的成绩。

不过，作为一个农业考古学者，首要的任务是获取有关古代农业的第一手资料，力求在田野发掘时详尽地占有资料，不使任何有重要科学价值的资料在自己手中遗漏掉。根据近年来国内各地的考古实践，有两个方法需要特别加以重视，即水选法和植硅石分析法。在发掘工地上采用水选法，可以收集到分散在文化层泥土中肉眼不易看出的植物遗存和细小的动物骨骼等农业考古的重要研究对象。此方法自十年前从国外介绍进来之后，在江苏、浙江等南方考古工地中得到应用，已获得良好效果，如发现了许多稻粒等谷物遗存。水选法在北方的考古工地中也获得成功，如前述吴耀利先生等在河南汝州李楼遗址的成功使用。因此应该继续在各个考古工地上大力推广。至于植硅石分析法则可以获得水选法不能获得、肉眼无法识别的谷物遗存等科学资料，过去一直以为南方的一些新石器时代早期遗址中没有农业遗存，但近年来的化验结果却发现有水稻植硅石，从而把水稻历史大大推前。过去华南的一些新石器时代晚期遗址，既有陶片又有石制生产工具，但很多都未发现有水稻遗存，无法对其农业生产状况作出准确的判断，总以为其稻作的历史较晚。如福建和广西的许多新石器时代遗址的发掘报告中，大部分都没有关于发现水稻遗存的报道。然而，据浙江大学农史研究室郑云飞先生相告，他对福建省一些新石器时代遗址的陶片进行化验后，发现其中都含有很多水稻植硅石。我想，如果广西的同类遗址也对其出土的陶片或文化层中的泥土进行化验，相信也会有同样的收获。由此可见，植硅石分析法对农业考古学来说是至关重要的。希望也能引起各地同行们的高度重视。我想如果大家都能重视这些方法，那么在 21 世纪的农业考古研究中，必将会有更大的成就。

注　释

[1] 上述三篇文章均发表于《农业考古》1984 年第 2 期。

[2] 朱来东的文章见《农业考古》1986 年第 2 期，黄其煦的文章分别见《农业考古》1986 年第 2 期和 1987 年第 2 期。

[3] 罗宗真和熊海堂的文章均见《农业考古》1989 年第 2 期。

[4] 有关灰像法的具体操作方法，请参见黄其煦《"灰像法"在考古学中的应用》一文，载《考古》1982 年第 4 期。

[5] 罗宗真：《自然科学对农业考古研究的重要意义》，《农业考古》1989 年第 2 期。

[6] 发表于《考古与文物》1986 年第 4 期。

四

考古的前景展望

新世纪中国农业

回顾 20 世纪中国农业考古学的发展历程，从萌芽草创状态到成为一门新兴的学科，使人对它的未来充满希望。相信在 21 世纪，它会得到更大的发展，取得更加辉煌的成就。

（一）科学价值

从前面所述农业考古学与诸多相关学科的关系，亦可说明农业考古学的成果与其相关学科具有互补关系。其中又以农业考古学与农史学和考古学的关系最为密切。

1. 农业考古学与农史学

农业考古学是以考古材料为主要对象来研究古代农业历史的。可以说农业考古学既是考古学发展的产物，又是农史学科发展的需要。

我国的农业历史源远流长，过去仅凭流传下来的几百部农书来研究，是远远不够的。特别是研究商周以前的农业，离开考古资料是完全无能为力的。从商周到魏晋以前，则只有一些零星的不成系统的文献资料，要研究当时的农业历史，也需仰仗考古材料。即使是自后魏贾思勰《齐民要术》问世以后，有了大型的体系完备的农书，也仍然感到缺环甚多。由于文字记载的简略和抽象以及没有直接的实物证据，许多问题如农业工具、农作物种类、家畜家禽品种、农业布局、耕作方法等等，无法深入研究，往往只能进行猜测推论，以致长期争论不休。新中国成立以来考古事业的蓬勃发展，特别是 20 世纪 70 年代以来，浙江余姚河姆渡、河北武安磁山、河南新郑裴李岗等重要遗址的发掘，出土了一批原始农业遗存（尤其是炭化谷物），引起人们的高度重视，使得农史研究者从古书堆中抬起头来，把目光转向考古学。

　　近几十年来发现的大量农业考古实物，具有重要的科学价值，常常使得农史界欣喜若狂，农业科技史往往要为之重写新篇章。比如小麦的原产地不在中国，过去日本学者认为是张骞通西域之后才传进来的。安徽亳县钓鱼台出土的西周小麦推翻了这一臆断。而新疆孔雀河上游出土的小麦粒，把它的历史推到 4000 年前。后来在甘肃民乐东灰山又发现了 5000 年前的小麦和大麦粒，更是把它的历史大大推前。粟的原产地在中国，这是世界公认的，但文献记载最多只有三四千年的历史。西安半坡遗址出土的粟粒证明在六千多年前粟已被栽培。而河北武安磁山出土的大量窖藏粟灰，更把它的历史推到 8000 年前左右，从而再次雄辩地证明了中国是粟的原产地。更引人瞩目的是水稻遗存的发现。水稻起源于何时何地，是国际学术界所关注的问题。过去有人主张起源于印度。但印度发现的古稻遗存距今只有四千多年，而我国长江流域发现的上百处稻谷遗存，其年代距今至少都在 6000 年至 4000 年左右。特别是 70 年代浙江余姚河姆渡遗址出土的 6800 年前的炭化稻粒和浙江桐乡罗家角遗址发现的 7200 年前的炭化稻粒，把我国栽培水稻的历史推前一大步，从而使得国际学术界公认我国是水稻的起源地之一。80 年代湖南澧县彭头山、90 年代河南舞阳贾湖、湖南澧县八十垱等遗址发现了距今 8000 年左右的稻谷遗存，又引起国际学术界的瞩目。至于湖南道县玉蟾岩、江西万年仙人洞、广东英德牛栏洞等遗址发现的1万年前的水稻遗存和植硅石，更使得中国是世界水稻原产地之一的历史地位牢不可破了。

对研究农史的人来说，不但要研究古人种植哪些农作物，还要探讨他们是怎样种植，用什么劳动手段去种植，因此对古代农具的研究就具有非常重要的意义。遗憾的是，流传至今的农书，只有到元代王祯的《农书》才开始绘有"农器图谱"。在此之前的农学著作和文献记载，对农具的记述都是非常简略的。历代学者为了考证这些记述，常常绞尽脑汁也描绘不出古代农具的真实面貌。因此只有依靠考古材料才能找到出路。比如最古老的农具耒耜，文献上只有"神农氏作，斫木为耜，揉木为耒"（《易经·系辞下》）、"神农……破木为耜锄耨，以垦草莽"（《逸周书》）这几句记载。而耒耜究竟是何形状，如何使用？长期众说纷纭，不得解决。但是考古发掘出土的众多石耜、木耜、骨耜和木耒痕迹以及汉画像石上的执耒图像，使得人们看到了耒、耜这两种古老农具的真实面貌并了解了它们的使用方法，知道它们都有七八千年以上的历史，从而改变了过去将原始农业笼统地称为刀耕火种和锄耕农业的提法，单独划出一个"耜耕农业"阶段。耒耜在原始社会都是木制的，进入商周以后，其耒端相继安装金属套刃。木耜刃端装上金属套刃就是锸，各地都出土了很多商周的铜锸或战国及汉代的铁锸。但是《说文解字》记载有种工具叫："耒，两刃锸也。"因无图样和实物为证，不知这"两刃锸"为何物。直至七八十年代，湖北省江陵县纪南城出土一件装有铁套刃的双齿木耒、河南省淮阳县平粮台出土两件战国双齿耒的铁套刃，其套刃的形状与一般汉代的铁锸相同，只是体积小得多，才知道汉代的铁锸既有单刃的也有双刃的。耕犁是我国传统农业中最为重要的整地农具，它起源于何时也众说纷纭，但最多只能推测到商代。而江南地区新石器时代遗址出土的一些石犁就把我国的耕犁史推前到距今四五千年的原始农业最后阶段。至于牛耕虽然是后来的事情，但各地战国铁犁铧的出土，证实了《国语·晋语》"宗庙之牺，为畎亩之勤"的记载是可靠的。耕犁上翻土碎土的装置犁壁，欧洲是到公元11世纪才出现的。过去农史界认为我国至迟在公元9世纪以前就已出现。然而陕西各地出土了西汉铁犁壁，证明这一发明要比欧洲早1000年。关于收割农具，只有《诗经·臣工》提到"奄观铚艾"和《淮南子·氾论训》的"磨蜃而耨"等零星记载，据此推测它有四五千年的历史。但各地出土的大量石刀、陶刀、蚌刀和石镰、蚌镰，证明它们是最古老的农具之一。裴李岗和磁山遗址出土的石镰证明它们至少已有近8000年的历史。和小麦等作物的种植有密切关系的加工农具石磨，传说是春秋时期鲁班发明的，然而过去一直无法证实。已故刘仙洲教授在《中国农业机械发明史》一书中仅靠"推断"认为"至少应在二千年以前"。陕西秦都栎阳和河北满城汉墓出土的秦汉时期的石磨，使刘仙洲教授的推断得以成立。飏扇谷物的风扇车西方是到15世纪才出现的。中国何时创始，刘仙洲教授只推测为"最迟在北宋时期"。但是河南济源西汉墓和河南洛阳、山西芮城、山东临淄等地东汉墓出土的陶风扇车模型，把它的历史提早了千余年，比西方领先了1400年。

在农耕技术方面，比如水稻一向是采取撒播方式播种的，何时才发明育秧移栽技术，文献上仅《四民月令》中有"五月可别稻"一句。而广东省佛山市东汉墓出土水田上的插秧形象、四川省峨眉县东汉墓出土石刻水田模型上的农夫在田中用手耘田的形象、四川省新都县东汉墓出土画像砖上的农夫在田中用脚耘禾的形象，不但证实了至迟在东汉人们已掌握育秧移栽技术，而且反映出江南水田已普遍进行中耕除草，有着较高的精耕细作水平。北方旱田作业在南北朝时期已经形成耕耙耱耕作技术，对此《齐民要术》中有详细的记载。但是甘肃省嘉峪关市魏晋墓壁画中的耙田、耱地图像以及广东省连县西晋墓耙田模型的出土，把这一技术的历史提早了一百多年，而山东省滕县黄家岭出土东汉画像石中的耕耱图，又把它的历史再推前一百多年。又如稻田养鱼是我国的优良传统，据文献记载可能始于三国。四川各地出土的稻田模型，田中和沟里都有鱼在游动，可见稻田养鱼的历史也要上溯到汉代。……诸如此类，不胜枚举。由此可以看出考古发现对于农业技术史的研究具有何等重要的价值。

2．农业考古学与考古学

从上面的论述可以看出考古学对农史研究有着巨大的贡献，但反过来也可说明农史研究对考古学有同等重要的作用。这些考古材料如果不从农业科技史的角度进行研究，那么它们只是孤立的零碎资料，考古研究就容易仅停留在器物描述和单纯为人提供资料的水平上。如果不具备一定的农学常识和农业科技史知识，对一些考古发现就难以作出科学的解释，得出正确的结论，无法充分揭示这些发现的科学价值，有时甚至还会导致失误。正如严文明教授所指出的："以前的那些研究一般是分散进行的，考古学家、农史学家和其他关心这方面知识的科学家，都是从各自的角度去观察和思考，没有很好地结合起来。而要把研究提高到新的水平，这样的结合是必需的。搞农史研究的要懂得一点考古，搞考古的更要懂得一些农业科学知识，这样才能很好地结合起来。"[1]

比如裴李岗遗址出土的石镰制作得相当工整，丝毫不亚于商周时期的石镰，曾经使人感到惊奇，据说早年零星出土时，人们曾将它误认为是商代遗物。其实，农业是从采集经济发展而来的，当时收割工具是最重要的生产工具。农业发明之后，它就会迅速发展起来，那么到了裴李岗时期，出现这种镰刀是完全可能的。同时，还需明白当时人们使用镰刀并非仅仅用来收割谷物，还用它去割野草和芦苇等植物，用以盖茅草屋或编织草席等日用品，那么就需要更为锋利的工具，这也会促使制作石镰的技术进步。但是继此之后，石镰没有获得更大发展，各地新石器时代出土更多的是石刀、陶刀和蚌刀之类较为简单的收割工具。特别是陶刀，曾让人疑惑它是否真的可以用来收割谷物。如果了解到原始农业收获粮食是只摘取谷穗而不是连秆收割的，那么石刀之类的工具反而更简便适用。古人之所以只割取谷穗，是因为那时的农作物品种和现在有很大不同，保留着更多的野生品种的特性，一到成熟时期极易掉粒，用手握住谷穗以石刀摘取就可减少损失。当时的谷物穗茎很脆弱，容易折断，所以用不太锋利的陶刀也是可以割取谷穗的。

有人曾把江浙一带新石器时代遗址出土的一种菱角形石刀当作"耘田器"来复原，并据此推断当时已有中耕技术。但是农业科技史告诉我们，原始社会时期江南种植水稻是采取缦田撒播方式，还不懂得育秧移栽。撒播的稻田是没有株行距的，根本无法耘田，当然也就不可能有中耕技术。既然没有耘田技术，怎么可能有"耘田器"出现呢？实际上它只是一种石刀而已。据台湾故宫博物院杨美莉教授研究，它很可能是一种与采集野生菱角有密切关系的收割工具[2]。

又如湖北省江陵县西汉墓曾经出土过四束稻穗。它在考古学家手里只能说明西汉时期已经种植水稻，墓主用来殉葬，与其他精美的铜、漆、玉器相比，算不上什么了不起的发现。但是到了农学家手里，经过研究却发现它的农艺性状已和现代稻种相似，只是每穗的粒数比现代品种少得多，从而得出一个重要信息，即每穗粒数的遗传基因较活跃，可塑性很大。这就为现代水稻育种工作提供了一份千载难逢的珍贵历史资料，有着很大的科学价值[3]。

再如浙江省吴兴县（现属湖州市）钱山漾新石器时代晚期遗址出土一批丝织品，其中有绢片、丝带和丝线。由于其蚕丝比现在的蚕丝还要细，曾引起一些人的疑惑，认为当时不可能有比现代更先进的工艺，怎么可能有比现在还要细的蚕丝呢。甚至还怀疑是否地层有扰乱，把后代的东西当成远古的产品。后经蚕业史专家周匡明教授指点，才知道越是远古的蚕，越具有野生蚕的特征。野蚕吐的丝本来就比家蚕的丝要细。只有经过人工长期培育之后的家蚕，吐出来的丝才会逐渐粗起来，这正是人工培育的目的。这和很多野生的谷物，其颗粒都比人工栽培的谷物颗粒要细小是一样道理。

类似的例子还可以举出许多。但就此亦可说明有关农业的考古资料只要放到农业科技史的范畴内加以考察，并且取得农学家们的合作，就能使我们的研究工作向前推进一步。事物总是互相制约的，随着农业科技史研究工作的蓬勃发展，必然要对考古工作提出一些新的要求和希望，必然会吸引一部分考古学家的注意力，因而也就会对考古工作产生促进作用。现代科学的发展，分工越来越细，不断出现新的学科，这是一种进步，考古学也不例外。新中国的考古学已经进入"五十知天命"的成熟时期。我们不但已发掘、积累了丰富的实物资料，出现了一大批高水平的研究成果，还培养造就了一大批人才，建立起一支规模不小的科学队伍。和50年代相比，现在的形势真是今非昔比。但是，面对科学技术迅猛发展、科技史研究蓬勃兴起的新形势，包罗万象的考古学如何更好地满足社会现实的需要，已成为考古界必须解决的新课题。同时，考古学本身的发展也要求对大量出土文物实行专业分工，进行深入的专门研究，才能进一步提高学术水平，推动考古学的发展，于是就出现了一些分支学科。农业考古学就是在这种形势下兴旺起来的。它是考古学向前发展的必然产物。

（二）现实意义

与考古学的其他分支学科不同的是，农业考古学除了具有本身的科学价值之外，还具有强烈的现实意义。这是由它所研究的对象农业生产在人类社会所占的重要位置决定的。

农业是全部古代世界的一个决定性的生产部门，在中国尤其如此。我国向来以农立国，农业是我国从原始社会晚期一直到封建社会的经济基础。中国的古代历史就是一部农耕社会的历史，要了解它，就必须了解中国农业的发展史，就必须了解中国农业生产力的发展史，就必须研究古代劳动人民是在什么条件下从事农业生产，采取什么劳动方式、使用什么生产工具进行生产，他们种植什么作物、饲养什么家畜、采用什么技术、能获得多少产品……等等。总之，需要开展农业科技史的研究工作，需要进行农业考古。恩格斯曾经指出，劳动发展史是理解全部社会史的锁钥[4]。农业考古学就是研究农业劳动的发展史，它将帮助人们更好地理解中国的全部社会史。

更为重要的是，它还具有更为强烈的现实意义。

千百年来，我国古代农业生产技术通过言传身教的方式一直在广大农村推广流传，直到今天仍然在生产中发挥巨大作用。甚至可以说，现在我国农村中主要的耕作制度、耕作方法、栽培技术、农业工具以及主要农作物的种类和布局，有很多是早在一二千年或数百年前就开始形成，后人只是加以继承和发展，使其逐渐成熟和完善而已。比如因地制宜、多种经营、地力长新的农学思想，精耕细作、合理种植的优良传统和间作、套作、轮作、多熟种植等耕作制度，都是早在战国秦汉时期开始形成，到宋元之际就已成熟，在今天的农业生产中仍在采用。又如带肥下种和水稻育秧移栽及穗选法等技术是早在汉代就已发明，种植绿肥、天敌治虫的技术是晋代发明，水稻烤田、果树嫁接、烟熏防霜等技术是南北朝时期发明的，棉花整枝技术是元代发明的，小麦移栽、单株选择法等是明清时期发明的……等等，至今都仍被当做先进技术而推广。至于农具方面就更加明显了，如整地机械耕犁发明于春秋，定型于汉代，成熟于唐宋；播种机械耧车，发明于西汉；翻地和中耕的铁锄、铁耙和收割的铁镰刀，出现于战国；加工机械石磨，发明于春秋战国；踏碓和水碓，发明于汉代；扇谷用的风扇车也发明于汉代；灌溉用的水车，发明于东汉末，改进于三国……等等，几乎现在农村所使用的主要农具，都是千百年前留下来的遗产，在今天的农业生产中依然发挥着作用，显示出传统农业生产技术的旺盛生命力。

这是因为农业是人类利用动植物的生活机能，通过人工培育以取得农产品的生产部门。劳动的对象是有生命的物质，受光、热、水、气等自然条件影响很大，而土地是基本生产资料，没有土地就没有农业。早在两千多年前，《吕氏春秋·审时》就指出："夫稼，为之者人也，生之者地也，养之者天也。"在天、地、人三大因子之间，天、地两个因子可变量越小的时候（历史证明正是如此），人对它们的认识就越容易深刻，对它们的客观规律就越容易掌握，前人积累的知识和经验就越具有科学性，越接近真理，也就越有生命力，就能为后人所接受、所采用，这就是我国传统农业生产技术具有旺盛生命力的主要原因。不管未来的农业发展到什么程度，但在可以预见的将来，主要的农业生产还是要在露天的大田中进行，人们还是不可能改变或控制地球表面大气层的光照、温度、降水和空气等等自然条件，也不可能人工制造大面积的新土地以供种植，也就是说，天时和地利这两个因子的变化仍然不大，那么，作为自然再生产的农业的客观规律也不可能有根本性的变化，于是前人对这些客观规律的正确认识仍然具有指导意义。可见，即使是在未来的农业中，传统农业生产技术的生命力也不会消失，它只能在新的历史条件下，在新的物质基础上，获得新的生命力。因此，研究古代农业生产技术的历史对于今天的农业生产就具有现实的借鉴作用，有的甚至有直接的指导意义。

特别是改革开放以来，我国农业发展进入了一个新时期，闯出了一条具有中国特色的社会主义农业现代化道路。人们对传统农业给予重新评价，进行深入的研究，从中找出特点和规律，总结其经验和教训，将有助于探讨今天中国农业的发展方向。当历史向 21 世纪迈进的时候，我国的农业正向现代化过渡，人们更加迫切要求对传统农业的历史有更全面深刻的了解，以便能正确制定和实施农业可持续发展战略。在这里，农业考古学应该适应历史发展的要求，积极发挥它应有的作用，这也是农业考古研究的重要历史使命。正如有的学者所指出的，"一个学科在现实社会中之所以存在和发展，就因为它在现实社会中有存在的价值。该学科在当今社会中所处的地位，同它对社会的实际贡献大小程度息息相关"[5]。与其他考古学的分支学科相比，农业考古在这方面更具有优势。

因此，农业考古虽然是专业性考古，表面看来似乎范围狭窄。然而正因为它的专业化，不但更加引起学术界的注意，而且还能得到农学界的欢迎和重视，并有广泛的群众基础，这是其他学科难以相比的。有了这个基础，农业考古学就会有强大的生命力。在 20 世纪如此，在新的世纪当更加如此。

（三）前景展望

20 世纪的中国农业考古学，虽然已取得不小的成绩，但还有许多问题需要解决，许多学术难关需要去攻克，还有许多理论和方法问题需要花大力气去探索。这些都要留待 21 世纪的中国农业考古学来完成。在原始农业的考古研究方面，至少有下列几个问题要着重解决。

首先是农业的起源问题。这也是考古学本身的重要课题之一。农业的起源是研究中国文明起源的重要组成部分，为学术界所普遍关注。虽然在 20 世纪的最后 10 年有着突破性的进展，在华北和华南都发现了一些新石器时代早期遗址，但除了华南的几处遗址发现稻作遗存,证明其已有初期的农业外,华北的几处遗址如徐水南庄头、阳原于家沟和怀柔转年等遗址的年代都在万年前后,并且都有陶器及一些生产工具出土,却尚未见到有关农业迹象的报道。如果采用科技手段进行化验分析,也许会有新的发现和认识。据近年来学者们的研究,农业的起源时间已经不是过去所推测的距今 1 万年左右,而是早得多,可能早到旧石器时代末期,即所谓中石器时代。因而对过去已经发现的一些旧石器时代末期遗址,有必要重新认识。总之,中国原始农业的历史有可能比我们现在所知道的要早得多。

其次是农作物的起源问题。目前以水稻起源研究的收获最大,其历史已经可以追溯到万年以前。但是中国广大的黄河流域却是以种植旱作谷物为主的,目前只在一些新石器时代中期遗址如裴李岗文化、磁山文化的遗址中发现有粟、黍等作物,年代仅 8000 年左右。再早的遗存尚未发现,需要继续工作。至于其他旱作谷物如小麦、大豆和高粱等遗存,目前发现的都远远晚于粟和黍,其种植在中国究竟能早到何时现在还是未知数。同时要引起注意的是,目前有关农作物的报道都是偏向谷物,而有关块根和块茎作物的发现很少。一来当然是它不易保存,二来也可能是重视不够,没有利用一些科技手段进行收集和化验。而据民族学研究,人类在开始食用谷物之前,可能是先食用块根和块茎作物,因此最早进行栽培的也可能是块根、块茎植物。今后在田野发掘中,要积极吸取植物考古学的成果,仔细收集这方面的材料,进行深入的研究。

再次是原始农具的起源问题。萌芽于中石器时代,成熟于新石器时代的原始农业,最早的生产工具,并不一定就是石器,更可能是木(南方还有竹)、骨、蚌等质料制成的原始农具。因为原始农业是从采集经济发展而来的，最早的农具当然也是由挖掘植物块根的树枝、木棒和鹿角锄等演变而成的。利用蚌壳制作蚌刀来收割谷穗也远比制作石刀容易得多。只有当原始农业发展到一定程度，随着生产力的提高，才可能出现石器等复合农具。古书上谈到神农在发明农业时，也说他发明木质农具："神农氏作，斫木为耜，揉木为耒，以教天下。"（《易经·系辞下》）神农"作陶冶斧斤，破木为耜、锄、耨，以垦草莽，然后五谷兴，以助果蓏之实"（《逸周书》）。由此可推测原始农业的早期阶段主要使用的是木质农具。河姆渡遗址的发现也可说明这一点。该遗址出土了大量木器和骨器，其中很多是农具，如骨耜、木耜和木铲等。石器只有斧、锛、凿和刮削器四种，种类少，器形也小，都是属于砍、凿、琢之类的工具，不适合用于农业生产。木质农具盛行的原因，当然是由于生产力低下，但是也和当时的自然条件有关。黄河流域中上游的黄土层区是我国原始农业的主要发祥地之一。这一地区的黄土皆由极细的土砂构成，质地松软，地势又平坦，上面长满了蒿莱一类野草，一把火过后，就是一片肥沃的良田，特别容易开垦，所以木质农具可以发挥它们的作用。以种植水稻为主的江南地区，在河流冲积平原和沼泽地带开垦农田，土质肥沃柔软，采用"火耕水耨"方法耕作，使用制作简易取材方便的木质农具，也是适宜的。河姆渡遗址的年代是新石器时代中期，比之更早的新石器时代早期的农具，当然更应该是以木质农具为主的。只是木质农具不易保存，难以发现，因而常常会被人们忽视。目前我们只在南方的少数新石器时代早期遗址中发现一些穿孔石器，参考民族学资料，可能是套在点种棒上的"重石"，由此亦可证明当时曾使用木棍制成的点种工具。除此之外，我们就所知甚少。今后在发掘中也应该细心搜寻，可能会有所发现，即使没有完整的实物出土，也可能发现其留下的某些痕迹。由于过去曾在一些新石器时代晚期遗址中发现过木耒痕迹，因而这种可能性还是存在的。

复次是农田遗址的发现问题。过去对于原始农业的耕作方式只能靠民族学的资料来推论，没有第一手资料可供考察。现在受到草鞋山、城头山发现古稻田遗址的鼓舞，我们有理由希望在北方的新石器时代遗址中，也能发现旱作农田的遗迹，它将有助于了解原始旱作农业的耕作制度和技术水平。这除了田野工作者的主观重视和工作细心之外，还得依靠科技手段如孢粉分析和植硅石分析等。日本经常发现古稻田遗址，主要就是靠植硅石分析法。他们将钻探的土样进行分析，如果发现某个地方的禾本科植物的花粉或水稻植硅石特别多，发掘下去就经常可以找到古稻田遗迹，有的甚至连人的脚印都保留下来。如果我们在原始居民的居住遗址附近适于种植的地方进行钻探，再进行孢粉和植硅石化验，发现旱作谷物的孢粉和植硅石特别多的话，下面就有可能是古农田遗址。

最后是家畜家禽的起源问题。饲养业一直是农业的重要组成部分，也是农业考古的主要研究对象之一。目前发现最早的家畜是广西桂林甑皮岩下层出土的家猪骨骼，距今约九千多年。其次是河北磁山遗址出土的家鸡骨骼和家狗骨骼，距今8000年左右。再往前就难以肯定是否为家养的动物。如河北徐水南庄头遗址底层就发现了猪、狗和鸡的骨骼，但没有把握断定它们是不是家养的。其实在许多早期新石器时代遗址以及一些可能属于中石器时代的洞穴遗址中，都有大量的动物骨骼出土，只是由于过去对动物骨骼的重视不够，没有进行认真仔细的科学鉴定，加上早期的家养动物与野生的区别不大，难以区别，不敢轻易下结论。中国的畜牧业和农耕是同时起步的，动物的驯化和饲养不会比谷物的驯化和栽培晚。如果我们承认中国的原始种植已有可能早到1万多年前的中石器时代的话，那么，畜牧的起源也就可能始于同一时期。尽管驯养初期的动物骨骼与野生的很相似，但可以借鉴动物考古学的一些方法来考察。如前面袁靖先生介绍过的"分析年龄结构"的方法，就有可能从看似野生动物的骨骼中判断出家养动物来。所以，在发掘中就不能只是主观的选择一些作为代表性的标本，而是要全面地大小不漏地收集所有标本，进行仔细的统计和科学的鉴别，相信会有意想不到的收获。

与国外的农业考古学相比较，中国农业考古学的一个很大特点是，不但在原始农业的起源和发展问题上大显身手，而且在进入历史时期的农业历史研究方面，也发挥着重大作用。在这方面，20世纪的中国农业考古学已取得一系列突出成就，同时也留下很多问题要在新世纪里解决。

比如在耕作制度方面，夏商沟洫制度和西周的井田制度是否真的是那么规规整整阡陌纵横，如能发掘到商周时期的农田遗迹，问题就可能解决。或者利用遥感技术进行航空摄影，也许能透视出淹没在现代地表层之下的古代农田布局。这远比只从文献上找出路而长期争论不休要解决问题。又如中国的犁耕到底始于何时？商代是否真的有牛耕？曲辕犁什么时候开始出现？青铜农具是否在商代西周占主导地位？铁农具的冶铸技术有何变化？石磨是否真的起源于春秋战国？原始的石磨盘到底是如何演变成旋转型石磨的？灌溉工具水车发明于何时？汉代的翻车是否真的就是水车？还有花生和高粱是否真的起源于中国？玉米和红薯何时传入中国？等等。这些问题单凭文献考据是无能为力的，只有依靠农业考古才能解决问题。相信在不远的将来会逐步得到答案。

当然，作为一门学科，更需要在新的世纪里建立起学科体系，构筑自己的理论框架并自觉地贯彻到田野工作和科学研究的实践中去，使之成为比较成熟的学科。

20世纪的中国农业考古学已经基本完成了基础资料的积累工作，明确了研究重点和基本研究方法，已在学术领域中占据了一席之地。在新世纪里，要巩固、发展已有的成果，开阔视野，放眼世界，广泛吸收国际上先进的理论方法和技术，要利用多层次、多学科手段进行田野工作和科学研究，更广泛、更深入地普及农业考古知识，引起广大考古工作者的高度重视，能自觉地在考古实践中将农业考古作为自己的工作重点之一，力求在田野工作中获取更多的科学信息，使农业考古成为有源之水，有根之木。在学术研究上，要从描述阶段进入到解释阶段，即不仅只是描述何时有了农耕，何时种植了何种谷物，何时饲养了何种动物，而且要解释为何产生了农业，为何要种植某种谷物，饲养某种动物。对照国外的农业起源模式，提出中国的农业起源模式，总结其发展规律，从理论上加以阐释，建立起文化体系。在研究目的上，除了追求学科本身的科学价值外，还要自觉地针对中国农业现代化实践出现的新现象和新问题，选择重要的科研课题，以更好地为现实服务。如水稻起源和发展历史的研究，阐述野生稻生长的自然条件和栽培稻发生的历史背景，审视历代稻作的发展历程和耕作制度的变更，就可能为当今水稻生产结构的调整提供历史根据，使广大农民和农业科技工作者能更自觉地贯彻党和国家的农业政策。

又如农田水利的历史变迁，围湖垦田的经验教训，也可为当今洪涝灾害的频频发生敲起历史的警钟。相信这样的学术研究当能受到社会各界的重视和欢迎，也为学术研究本身注入了活力。此外还要继续加强与国外农业考古界的合作，近年来的几次中外合作都获得了令人惊喜的收获，相信未来的合作也一定会有丰硕的成果。同时也要将中国农业考古学的巨大成就向国外作宣传介绍，让中国农业考古学的实践成果丰富世界农业考古学宝库，推动世界农业考古学向前发展。

总之，中国的农业考古已有辉煌的过去，也必将有更加灿烂的未来。

注　释

[1] 严文明：《农业考古与现代考古学》，《农业考古》1984 年第 2 期。

[2] 杨美莉：《良渚文化石质工具之研究——三角形石质工具的形制、性质之分析》，《农业考古》1999 年第 3 期。

[3] 游修龄：《西汉古稻小析》，《农业考古》1981 年第 2 期。

[4] 《马克思恩格斯选集》第 4 卷 254 页，人民出版社，1958 年。

[5] 何驽：《展望 21 世纪的中国考古学》，《人民政协报》1999 年 12 月 29 日《学术家园》专刊。

参 考 文 献

1．何炳棣：《黄土与中国农业的起源》，香港中文大学，1979 年。

2．恩格斯：《家庭、私有制和国家的起源》，人民出版社，1972 年。

3．《中国古代社会经济史论丛》第一辑，山西人民出版社，1980年。

4．李根蟠等：《中国原始社会经济研究》，中国社会科学出版社，1987 年。

5．李根蟠等：《中国南方少数民族原始农业形态》，农业出版社，1987 年。

6．渡部忠世：《稻米之路》，云南人民出版社，1982 年。

7．冈彦一：《水稻进化遗传学》，中国水稻研究所出版，1985 年。

8．南京农业大学中国农业遗产研究室：《太湖地区农史论文集》第一辑，1985 年。

9．华南农业大学农史研究室主编：《农史研究》第五辑，农业出版社，1985 年。

10．陈文华：《中国农业考古图录》，江西科学技术出版社，1994年。

11．郭宝钧：《中国青铜器时代》，生活·读书·新知三联书店，1963年。

12．马克思：《资本论》第一卷，人民出版社，1957 年。

13．中国农科院、南京农学院中国农业遗产研究室：《中国农学史》，科学出版社，1984 年。

14．梁家勉：《中国农业科技史稿》，农业出版社，1989 年。

15．董恺忱等：《中国科学技术史·农学卷》，科学出版社，2000 年。

16. 张仲葛等：《中国畜牧史料集》，科学出版社，1986 年。

17. 谢成侠：《中国养牛羊史（附养鹿简史）》，农业出版社，1985 年。

18. 游修龄等：《中国农业百科全书·农业历史卷》，1995 年。

19. 夏鼐：《中国大百科全书·考古学》，中国大百科全书出版社，1986 年。

20. 张波：《西北农牧史》，陕西科学技术出版社，1989 年。

21. 闵宗殿等：《中国农业技术发展简史》，农业出版社，1983 年。

22. 李根蟠：《中国古代农业》，天津教育出版社，1991 年。

23. 佐藤洋一郎：《长江流域的稻作文明》，四川大学出版社，1998 年。

24. 吴枫等：《中国古代农业技术简史》，辽宁人民出版社，1979 年。

25. 陈文华：《论农业考古》，江西教育出版社，1990 年。

26. 陈文华：《中国古代农业科技史图谱》，农业出版社，1991 年。

27. 中国农业博物馆农史研究室：《中国古代农业科技史图说》，农业出版社，1989 年。

28. 樊志民：《秦农业历史研究》，三秦出版社，1997 年。

29. 吴宏岐：《元代农业地理》，西安地图出版社，1997 年。

30. 马雪芹：《明清河南农业地理》，（台湾）洪业文化事业有限公司出版，1997 年。

31. 章有义：《明清及近代农业史论集》，中国农业出版社，1997 年。

32. 彭世奖：《中国农业传统要术集萃》，中国农业出版社，1998 年。

33. 赵冈等：《中国棉纺织史》，中国农业出版社，1997 年。

34. 夏亨廉等：《汉代农业画像砖石》，中国农业出版社，1996 年。

35. 王潮生：《中国古代耕织图》，中国农业出版社，1995 年。

36. 吴存浩：《中国农业史》，警官教育出版社，1996 年。

37．阎万英等：《中国农业发展史》，天津科学技术出版社，1992年。

38．郭郛等：《中国古代动物学史》，科学出版社，1999年。

39．谢成侠：《中国养禽史》，中国农业出版社，1995年。

40．周昕：《中国农具史纲暨图谱》，中国建材工业出版社，1998年。

41．宋兆麟：《民族文物通论》，紫禁城出版社，2000年。

42．汪宁生：《民族考古学论集》，文物出版社，1989年。

43．孙作云：《诗经与周代社会研究》，中华书局，1966年。

44．王善才：《〈山海经〉与中华文化》，湖北人民出版社，1999年。

45．夏纬瑛：《〈诗经〉中有关农事章句的解释》，农业出版社，1981年。

46．夏纬瑛：《〈周礼〉书中有关农业条文的解释》，农业出版社，1979年。

47．游修龄：《中国稻作史》，中国农业出版社，1995年。

48．游修龄：《稻作史论集》，中国农业科技出版社，1993年。

49．游修龄：《农史研究文集》，中国农业出版社，1999年。

50．中国社会科学院考古研究所：《中国考古学中碳十四年代数据集》，文物出版社，1991年。

51．中国社会科学院考古研究所：《新中国的考古发现与研究》，文物出版社，1984年。

52．文物编辑委员会：《文物考古工作十年（1979—1989)》，文物出版社，1991年。

53．文物出版社：《新中国考古五十年》，文物出版社，1999年。

54．李学勤：《缀古集》，上海古籍出版社，1998年。

55．张光直：《中国考古学论文集》，生活·读书·新知三联书店，1999年。

56．中国考古学研究论集编委会：《中国考古学研究论集——纪念夏鼐先生考古五十周年》，三秦出版社，1987年。

57．严文明：《仰韶文化研究》，文物出版社，1989 年。

58．庆祝苏秉琦考古五十五年论文集编委会：《庆祝苏秉琦考古五十五年论文集》，文物出版社，1989 年。

59．张光直：《商代文明》，北京工艺美术出版社，1999 年。

60．陈全方：《周原与周文化》，上海人民出版社，1988 年。

61．张忠培：《中国考古学——走近历史真实之道》，科学出版社，1999 年。

62．李伯谦等：《考古探秘》，科学技术出版社，1999 年。

63．黄展岳：《考古纪原——万物的来历》，四川教育出版社，1998 年。

64．宋兆麟等：《中国原始社会史》，文物出版社，1983 年。

65．尹绍亭：《一个充满争议的文化生态体系——云南刀耕火种研究》，云南人民出版社，1991 年。

66．许顺湛：《中原远古文化》，河南人民出版社，1983 年。

67．马世之：《中原古国历史与文化》，大象出版社，1998 年。

68．李京华：《中原古代冶金技术研究》，中州古籍出版社，1994 年。

69．王星光等：《黄河与科技文明》，黄河水利出版社，2000 年。

70．中国考古研究所：《辉县发掘报告》，科学出版社，1956 年。

71．河南省文物研究所等：《登封王城岗与阳城》，文物出版社，1992 年。

72．安金槐：《安金槐考古文集》，中州古籍出版社，1999 年。

73．肖克之等：《古代文明与汉代陶器》，中国农业出版社，2000 年。

74．甘肃省文物队、甘肃省博物馆、嘉峪关市文物管理所：《嘉峪关壁画墓发掘报告》，文物出版社，1985 年。

75．刘军等：《中国河姆渡文化》，浙江人民出版社，1993 年。

76．林华东：《河姆渡文化初探》，浙江人民出版社，1992 年。

77．林华东：《良渚文化研究》，浙江教育出版社，1998 年。

78．陈忠来：《河姆渡文化探原》，团结出版社，1993 年。

79．湖南省文物事业管理局：《考古耕耘录——湖南中青年考古学者论文选集》，岳麓书社，1999 年。

80．湖南省文物考古研究所：《湖南考古漫步》，湖南美术出版社，1999 年。

81．高至喜：《商周青铜器与楚文化研究》，岳麓书社，1999 年。

82．高至喜：《楚文化的南渐》，湖北教育出版社，1996 年。

83．湖南省博物馆：《马王堆汉墓研究文集》，湖南出版社，1994 年。

84．何介钧等：《马王堆汉墓》，文物出版社，1982 年。

85．湖南省文物考古研究所：《湖南考古辑刊》(7)，《求索》杂志增刊，1999 年第 1 期。

86．侯林青等：《神农文化——稻作农业起源与炎帝文化暨第三届农业考古国际学术讨论会论文集》，湖南人民出版社，2000 年。

87．江西省文物考古研究所：《尘封瑰宝——江西省配合基本建设出土文物精品》，江西美术出版社，1999 年。

88．江西省文物考古研究所等：《新干商代大墓》，文物出版社，1997 年。

89．李科友：《江西古代文明探索》，江西科学技术出版社，1998 年。

90．彭适凡：《江西先秦考古》，江西高校出版社，1992 年。

91．广州市文化局：《广州秦汉考古三大发现》，广州出版社，1999 年。

92．杨式挺：《岭南文物考古论集》，广东省地图出版社，1998 年。

93．英德市博物馆等：《中石器文化及有关问题研讨会论文集》，广东人民出版社，1999 年。

94．英德市博物馆等：《英德史前考古报告》，广东人民出版社，1999 年。

95．陈德安：《三星堆——古蜀国的圣地》，四川人民出版社，2000 年。

96.孙华：《四川盆地的青铜时代》，科学出版社，2000年。

97.罗二虎：《秦汉时代的中国西南》，天地出版社，2000年。

98.王昌燧等：《科技考古论丛》（第二辑），中国科学技术大学出版社，2000年。

99.《考古学报》1950年～2000年各期。

100.《考古通讯》及《考古》1950年～2000年各期。

101.《文物参考资料》及《文物》1950年～2000年各期。

102.《农业考古》1981年～2000年各期。

103.《考古与文物》1980年～2000年各期。

104.《华夏考古》1987年～2000年各期。

105.《江汉考古》1981年～2000年各期。

后 记

与新中国兴旺发达的考古学各个分支学科一样，农业考古近二十多年来取得了不小的成就。许多同志和我本人都想对它进行一次较为全面的总结，无奈忙于杂务，总是抽不出时间。同时也是因为作为一个学科来说，因其形成的时间较短，理论基础准备不足，一些基本研究方法还有待探讨，故迟迟未能动笔。感谢本丛书编辑办公室的盛情邀请，促使我下决心编撰本书。

由于本丛书的体例不属于学术研究论著，故只能粗略地概述 20 世纪中国农业考古的主要收获。也简要地介绍一些专家对农业考古研究方法的意见，以便于大家在田野考古实践和学术研究中参考。因篇幅限制，未能附上更多的图片，这是一个缺陷。前几年我曾出版过一本《中国农业考古图录》，收录1994 年以前的文物照片 1700 多幅，有兴趣者可以参阅。

希望能借此书出版之机，吸引更多的同志重视农业考古，特别是就中国农业考古学的理论和方法问题，展开更深入系统的探讨，以期建立起较为完备的学科体系，共同为农业考古的学科建设作出贡献。也许不久的将来，能诞生一部较有深度的《中国农业考古学概论》之类的理论著作，那我编写这本小书的愿望就实现了。

　　相信在新世纪里，一定会有新的成就、新的局面、新的理论和新的著作出现于世界学术之林。

作　者

2000 年 1 月于南昌青山湖畔

图书在版编目（CIP）数据

农业考古/陈文华著. --北京：文物出版社，2002.2
（2020.11重印）

（20世纪中国文物考古发现与研究丛书）

ISBN 978-7-5010-1291-6

Ⅰ.农… Ⅱ.陈… Ⅲ.农业生产资料-出土文物-考古-中
国 Ⅳ.K87

中国版本图书馆CIP数据核字（2001）第046448号

20世纪中国文物考古发现与研究丛书

农业考古

著　　者　陈文华

封面设计　张希广
责任印制　陈　杰
责任编辑　张庆玲
重印编辑　宋　丹
出版发行　文物出版社
社　　址　北京市东直门内北小街2号楼
网　　址　http：//www.wenwu.com
邮　　箱　web@wenwu.com
印　　刷　文物出版社印刷厂有限公司
开　　本　850mm×1168mm　1/32
印　　张　7.25
版　　次　2002年2月第1版
印　　次　2020年11月第3次印刷
书　　号　ISBN 978-7-5010-1291-6
定　　价　40.00元